家具企业转型升级的第三种动力
——设计创新

李若辉　著

东南大学出版社
SOUTHEAST UNIVERSITY PRESS
·南京·

内 容 简 介

本书立足于现阶段我国家具行业发展的实际，从设计创新角度，在理论研究基础上，搜集大量行业数据，通过数据分析，探讨当前我国家具企业依靠设计创新实现转型升级的途径和方法。本书在设计战略层面，提出了产品差异化设计战略的实施思路及意义；在设计路径上，探讨了我国家具企业设计投入的重心、产品设计规划方向等；在设计体系上，提出了生态化设计管理体系构建的思路。

本书立足于产业需要，强调理论研究的实践指导和应用性，以求对当前我国家具企业的转型升级提供借鉴和启示意义。

图书在版编目(CIP)数据

家具企业转型升级的第三种动力：设计创新 / 李若辉著. —南京：东南大学出版社，2019.5

ISBN 978-7-5641-8394-3

Ⅰ. ①家… Ⅱ. ①李… Ⅲ. ①家具工业-企业升级-研究-中国②家具-设计-研究 Ⅳ. ①F426.88 ②TS664.01

中国版本图书馆 CIP 数据核字(2019)第 081881 号

家具企业转型升级的第三种动力——设计创新

著　　者　李若辉
出版发行　东南大学出版社
出 版 人　江建中
社　　址　南京市四牌楼 2 号
邮　　编　210096

经　　销　全国各地新华书店
印　　刷　虎彩印艺股份有限公司
开　　本　700 mm×1000 mm　1/16
印　　张　13.25
字　　数　305 千字
版　　次　2019 年 5 月第 1 版
印　　次　2019 年 5 月第 1 次印刷
书　　号　ISBN 978-7-5641-8394-3
定　　价　46.00 元

(本社图书若有印装质量问题，请直接与营销部联系。电话：025-83791830)

前　言

自改革开放以后，尤其是进入21世纪以来，我国家具企业得到了迅猛的发展。无论是在规模体量上，还是在经济收益上，我国家具行业都已经跨入到世界领先行列，成为全球最大的家具生产国和出口国。然而，从家具产品的单位附加价值以及企业的市场竞争力状况来看，我国家具行业却仍处于较低的水准。2008年的国际金融危机，也使得国内一些出口型家具企业受到重创，并且随着市场状况的快速变化以及个性化消费趋势的形成，国内家具市场的竞争也愈发激烈。以规模要素的扩张为主要特点的传统粗放型经营方式已经不再适应新市场环境的需要，转型升级成为企业发展的必由之路。

在有关企业转型升级动力的研究中，创新是学术界和产业界都普遍认可的一种重要因素。在对企业创新活动的研究中，多数学者又以技术创新作为主要研究对象，并且在家具行业内，也主要表现在企业为追求质量、效率、性能等方面的提升而开展的技术研发行为，甚至部分企业还直接通过购买设备等手段来实现这些目标。但另一方面，家具属于技术密集度较低的行业，产品功能对技术的依赖相对较低，并且技术的同质化速度较快。相反，产品形态、材质、色彩、功能、尺度、结构等对家具产品特点的表现则更为直观。因此，相较于技术创新，设计创新对产品附加价值，甚至企业竞争力的提升发挥着更为重要的作用。基于此，本书着眼于当前我国家具制造企业发展的环境，以设计创新为切入点，探讨设计创新促进我国家具企业转型升级的途径，以求为相关企业的经营思路提供一定的启示和借鉴意义。

在研究方法上，本书主要采用了文献研究法、访谈法、问卷调研法、统计分析法、定性定量分析法、案例研究法、对比研究法等。首先，通过文献研究法，梳理现有相关研究的成果，寻求设计创新与企业转型升级之间的内在关联；在此基础之上，对企业展开调研和访谈，掌握企业的资料和数据；再通过对数据的统计和分析处理，探讨设计创新在我国家具企业内开展的途径和方式；最后对设计创新驱动企业转型升级的结论进行验证。

总的来说，本书主要的研究成果及代表性结论如下：

(1) 在理论层面，设计创新主要从产业链转移、价值链升级、创新链形成、生产要素优化四个方面促进制造型企业的转型升级。从设计创新特点及其绩效产出形式上看，其与企业转型升级的内涵和目标具有对应之处，由此也就形成了设计创新驱动企业转型升级的具体机理过程。

(2) 在产业链和价值链升级层面，我国家具企业应逐步通过产品差异性设计战略，加强原创设计创新能力，努力改变家具产品雷同度较高的现状，不断从产业链的生产制造环节向两侧的研发和营销转移；另外，通过制定合理的设计战略，提升产品差异度，不断地增加产品的设计附加价值，促进企业向价值链中的“ODM”“OBM”高层级发展。

(3) 在生产要素优化升级方面，我国家具制造企业应有针对性地选择设计要素的投入重心，明确未来产品发展的方向，正确合理地评价设计绩效产出。基于设计路径的构成形式，企业应加大对设计创新的重视和技术支持，提高设计师的能力，并使设计师数量和经费投入控制在合理的范畴，在设计方向上应注重对形态和CMF的创新。

(4) 在企业创新链升级方面，我国家具制造企业可以从支撑层、组织层、执行层三个方面作为框架，在企业内部制定一系列的制度措施，以保障设计活动运行所需的技术、人力、资讯、信息、沟通等各个方面资源能够及时得到满足，并由此从创新链的源头激发各个环节的创新，促进企业转型升级。

(5) 设计创新在理论层面和实证层面都对我国家具制造企业转型升级具有正向驱动作用。在理论层面，学术界普遍认可创新对转型升级的重要意义，而设计创新作为创新的重要形式，也必然发挥着积极作用；

在实证研究层面，通过制定企业设计能力和转型升级水平的反映指标，搜集数据并分析，发现二者存在较强的正相关性，验证了设计创新对企业转型升级的驱动作用。

本书的研究有助于提高我国家具企业对设计创新的认知，扩展企业转型升级的思路。本书从设计战略制定与评价、设计要素投入、设计方向规划、设计绩效分析以及设计制度制定等多个方面，为我国家具企业开展设计实践活动提供了一定的指导和参考意义。同时，本书还从理论层面梳理了设计创新与转型升级之间的作用机理，对相关理论研究也具有一定的参考和借鉴价值。

著 者

2019 年 1 月

目　录

1 绪 论

家具行业是一个历史悠久的行业。从19世纪中后期，家具产业就逐步开始了自身的工业化历程。经过百余年的发展，世界家具市场已经趋于成熟。在全球化发展趋势下，家具生产分工不断细化，各地区的协作活动越来越频繁，竞争也愈加激烈，产品的生产和销售突破了地域性限制，世界范围内的家具产业链已经形成[1]。

我国家具工业的快速发展始于20世纪80年代末90年代初[2]，随着国家由计划经济向市场经济的转变，家具产业逐渐从垄断行业中解放出来。由于政府部门不再对市场进行过度干预，民营企业迅速崛起，中国家具工业由此创造了持续高速发展的奇迹。1983年，我国家具企业数量仅为3400多家，从业人员约36万人，家具总产值22亿元[3]，从1985年开始，中国家具行业总产值以每年15%左右的速度递增[4]，相比于其他制造型行业，除政府特殊扶持的产业外，在我国很少有其他制造性行业的发展速度能够超过家具行业。2005年，中国家具的出口额首次超过了意大利，一跃成为世界最大的家具出口国家[5]，至2013年，中国的家具总产值已经超过1万亿元，占世界总产值的1/4。与此同时，我国的家具产业集群也逐步形成，出现了如华南产业群、西南产业群、华东产业群、华北及东北产业群等家具企业聚集区[6]。经过近30年的快速发展，我国家具产业取得了巨大成就，家具产业规模形成，产量和经济效益不断增长，家具市场日益扩大，中国家具工业在国际家具生产和贸易中扮演着越来越重要的角色。

然而，同其他众多劳动密集型产业一样，家具企业在快速发展的过程中，也面临着巨大的压力和挑战。尽管我国家具产业取得了较大进步，但对大多数企业来讲，这种增长主要体现在数量和规模的扩张上。在生产链布局方面，我国家具企业多数处于制造环节，是以低廉的成本价格为核心竞争优势的，而对产品的研发能力较弱。随着近些年我国能源和土地价格的飞涨、工人工资的增加，这种低成本竞争优势已经十分微弱。对于出口型企业，很多国外订单已经逐渐从中国转移到越南、印度、巴西等国家。另外，由于近些年中国环境问题日益突出，政府对企业能耗和工业废弃物排放的要求不断提高，也从侧面导致了制造型企业生产成本的增加。在国际市场上，欧美许多机构对从中国进口的家具材料和涂饰等方面也制定了近乎苛刻的标准，给我国外贸型家具企业带来了巨大的冲击[7]。在复杂的内外环境下，转型升级成为企业生存和发展的必然选择。

转型升级要求企业改变以往粗放型的经营模式，从产业链的附属环节向核心主导环节转变，要求企业提高自身对整个产业链的掌控能力，增强自主创新能力，努力塑造自身的软性核心竞争力。家具产业属于典型的劳动密集型行业，对高新技术的依赖度相对较低，相较于技术创新，市场因素和设计创新对产品的影响更为直观，并且消费者个性化的市场需求也主要通过设计活动来满足，因此设计创新对于加速我国家具企业转型升级具有更为重要的意义。近十年左右，随着企业经营理念的提升，设计在家具企业中的认知逐渐被深化，设计创新的重要性已被大多数企业经营者所认同，并表现为企业设计师数量呈现出跨越式增长，在产品宣传上“设计”一词出现的频率也越来越高。然而，尽管设计在家具行业中已经非常普及，但我国以设计而著名的家具企业却较难发现，被世界所认知的家具设计大师更是凤毛麟角，这一现象说明我国家具企业虽然意识到设计的重要价值，但在对设计的使用上仍然较为迷茫，不少企业以盲目、急功近利的方式对待设计，设计创新对企业发展的驱动作用并未完全释放出来。

因此，以设计创新作为手段，研究我国家具企业转型升级的路径，对企业来说具有两个层面的重要意义：

首先，从当前企业生产经营实践的角度，它可以帮助企业正确分析国内外市场环境的变化和自身的特点，制定适宜的设计战略，合理配置设计资源，正确统筹和管理整个设计流程，激发设计创新对当前企业经营收益的提升作用。

其次，从企业长久发展的战略角度来看，它可以帮助经营者清晰理解设计创新对企业发展的作用模式，建立合理的设计创新机制，引导企业正确把控转型升级的方向。在快速变化的市场环境和激烈的竞争关系中，有利于提高企业自主创新能力，塑造可持续性的核心竞争力，帮助企业从产业链的制造环节逐步向主导性的研发环节转变，进而充分发挥设计创新对企业长远发展的强大驱动力。

1.1 研究的背景

1.1.1 我国家具企业转型升级的压力不断增加

改革开放以后，经过30多年的发展，我国家具企业取得了巨大的成绩，无论从产值、规模还是效益上都有了飞跃式增长。中国已经成为世界家具生产大国，产值占世界37%，出口量居世界第一[8]。然而，如果我们仔细分析取得这些成绩的因素，不难发现在我国家具企业发展的过程中仍然隐藏着一些较大的问题，并且随着企业的进一步发展，这些问题将变得越来越突出，企业转型升级的压力不断增加。

1）核心竞争力降低

我国家具产业的工业化，是建立在要素规模的投入上发展起来的。对于外贸出口型家具企业，我国家具出口量居世界第一，却在国际上并没有产生知名的家具品牌，说明这部分家具企业主要是采用贴牌代工生产（OEM）方式出口的，同时也反映了中国的家具产业在国际市场上仍然以低价格竞争为主，它主要依靠中国低廉的劳动力、资源等成本为代价换取微薄的中间加工费用，是以低价格作为竞争优势的。中国家具企业的发展历程多数集中在20年之内，极少企业有超过50年的建厂历史，在较短的发展历程中，大多企业采取急功近利的经营方式，在收益方面过于简单地理解成本投入与利润的关系，一味追求成本价格的优势，而忽略了产品附加价值的重要性。从经济学中著名的微笑曲线理论来看，我国的家具产业属于整个产业链中投入最大、收益最小的制造环节，而在两侧收益率较大的研发和营销环节，实力显得非常薄弱。中国家具企业软实力差，缺乏自主创新能力和长效的核心竞争力。在一定程度上来讲，产量越大，意味着人力、原材料和土地的投入越多。对于内销型家具企业，多数企业原创设计能力不足，反映在市场上产品同质化严重，价格竞争激烈。一些企业在产品研发过程中，依靠抄袭模仿国外优秀设计来赢得国内市场，产品在价格上也远远低于国外同款家具的价格。因此，从本质上看，我国多数家具企业仍然是在依靠制造环节（而非研发环节）来盈利，并且这种对设计进行简单抄袭模仿的做法极具风险，无法保证企业长久、可持续性地发展。近些年我国家具产业的成就，体现出来的更多是表面数量的增长，而真正可持续性的核心竞争力却很难发现。随着我国经济的发展，土地、能源和原材料价格不断上涨，我国家具企业原有的低成本优势已经变得十分微弱。

(1) 人均收入水平的逐年提高导致企业人工成本和劳动力工资不断攀升，同时由于制造型企业数量的增加和国民教育水平的提升，近些年国内用工荒现象不断出现。作为典型的劳动密集型行业的家具企业，其劳务用工问题就显得格外重要。“招工难、用工贵、留不住”似乎成了近些年来某些家具企业的主旋律，并且在国内其他一些行业内(如富士康、郎酒等制造型企业)，已经出现了工人因为工资待遇过低而罢工的现象，给家具行业敲响了警钟[9]。

(2) 近些年来，中国房地产行业的繁荣带动了土地价格的飞涨，企业厂房建设用地成本和租金也随之攀升，并且由于国内一些生产型和制造型企业对资源的过度开发和对能源的大肆利用，加剧了我国环境的恶化。一些城市持续出现雾霾现象，国家政府部门进一步提高了对企业环境标准的要求，也加大了排查和整治力度。另外，人们的环保意识逐渐增强，对家具产品的环保性能也更加重视，这些使企业不得不花更多的人力、物力和资金改善自身的生产状况和工艺标准。企业生存的压力进一步增大，迫使其积极思考从传统的粗放型发展方式向集约型生产方式转变的途径。

2) 国际贸易压力增大

在国际市场，我国家具企业同样面临着较大的挑战：

(1) 在原材料供给方面，木材原料的进口成本增加。如俄罗斯政府表示今后不再单纯出口原木，并于 2007 年 7 月 1 日，将未加工的原木出口关税提高 10%以上，达到每立方米 6 欧元，给中国家具原材料的进口带来了困难；加之中国传统的阔叶材进口国资源减少，供应量降低，导致世界木材价格上涨，木质家具企业原材料成本增加[10]。

(2) 2008 年的世界金融危机使全球经济特别是欧美经济一蹶不振，而欧美地区是我国家具出口的主要对象。欧美市场的萎缩对我国家具出口影响巨大，很多外贸型家具企业损失严重，订单大量减少。虽然 2011 年之后，这些地区的经济逐渐呈现出复苏趋势，但这次危机也给我国家具出口企业拉响了警报，迫使他们进一步反思企业经营的方式。目前我国各种低档次、低技术产品已经遍布世界各个角落，试图进一步提升市场份额已经十分困难。事实上，中国产品已成众矢之的，欧美市场针对我国产品的反倾销行动已屡见不鲜，设置的技术壁垒也层出不穷，造成了我国产品的国际市场销量增幅缩小，销售成本上涨[11]。

(3) 一些发展中国家在代工生产上表现出比我国更具优势的特点，如马来西亚、印度、越南等东南亚国家。中国工人的人均日工资相当于3～4名印度国家的工人工资，而且其土地价格更加便宜，再加上当地政府推出的其他丰厚的引资政策，使得许多发达国家开始将制造工厂从中国搬到了这些国家。如在马来西亚，有些地区甚至可以免费让国外厂商租用土地[12]。

(4) 一些国家和地区对进口家具木材的环保性能提出了更高的要求。2013年欧盟出台了《木材及木制品规例和新环保设计指令》，按照其标准，当时我国市场上的木制家具能够获得其认证的不足1%。因此，该项指令对于以欧盟为主要出口对象的国内家具企业来说是一个重挫，也意味着企业需要投入大量的资本和人力进行技术改造，并承担相关检测和认证等一系列费用。在美国，2007年加利福尼亚环境保护署对木质人造板的甲醛释放量出台了世界上任何国家从未有过的最严格的标准文件——CARB法规，同时该法规还包含了利用这些板材进行加工制造以用于与该州进行贸易的木质产品，此外该环境保护署对有害物质管制的范围也变得更为宽泛[10]。美国是我国家具出口的第一大国，这些法规的实施对我国以美国为主要出口市场的家具企业造成了严重冲击。

(5) 从货币汇率的角度来看，前些年人民币升值幅度较大，中国家具出口企业遇到了前所未有的困难。对于家具产品而言，无论是在交易数量还是在交易额方面，都属于我国大宗出口项目之一，属于创汇的主要行业，因此人民币汇率的波动对我国家具行业的发展影响巨大，尤其是对以出口型为主的家具企业。人民币的升值一方面造成了我国家具在国际市场上销售价格上涨，减弱了产品的价格优势，另一方面人民币升值的幅度和汇率变化的不确定性，直接影响了我国家具企业的进出口贸易、生产经营管理、财务状况、盈利能力等方面，使企业的收益和长远战略面临更多的不确定性，导致了家具企业承担的汇率风险加大[13]。

(6) 我国外贸政策的变化。财政部和国家税务总局在2007年联合下发了新的出口退税政策，其中取消了部分出口商品的退税优惠，如皮革、部分木板和一次性木制品等，降低出口退税率的商品还涉及部分家具产品，家具退税率下调至11%或9%，部分木制品的出口退税率下调至5%。这些政策都从一定程度上增加了家具制造业生存的压力，降低了我国家具产品的低价格优势，为该类企业的国际贸易活动带来了较大冲击。

国内外贸易环境的变化，一方面迫使家具企业逐渐从国际市场转向国内市场，另一方面也促使我国的家具企业开始反思长久以来的经营模式，探索新发展方式的可能性，企业转型升级迫在眉睫。

1.1.2 政府的重视与引导

2008年的金融危机，不仅使欧美经济受到重创，我国企业也深受影响，我国GDP增速逐渐放缓，再加上传统工业生产使环境问题日益严峻，政府部门意识到创新与企业经营模式转换的紧迫性和必要性，先后出台了大量政策文件以加速和引导企业转型升级的发展，其中涉及传统产业转型升级的“公告”“通知”“规划”“意见”等宏观引导性文件就有近200份，而相关的“办法”“条例”“方案”等具体可操作性文件也有几十份[14]。2010年，商务部、人力资源和社会保障部等国家部门在深圳召开的全国加工贸易企业转型升级试点城市大会上，明确将苏州和东莞作为我国转型升级的试点城市，并且国务院有关部门还与广东省共建珠三角全国加工贸易转型升级的示范区，进一步探索我国企业转型升级的经验，积极推进企业转型升级的发展。在“十三五”规划中，我国政府又明确提出了“智能制造”“互联网＋”“物联网”等新的发展方向，转型升级仍是重要的主题。2015年上半年，《中国制造2025》正式出台，并成为国家战略的重要组成部分。《中国制造2025》进一步强调创新的重要性，突出从中国制造到中国创造的转变，从“需求侧”向“供给侧”过渡，提倡工业和信息技术的深度融合，智能设计与制造将成为未来发展的重要趋势，为我国“十三五”时期制造业转型升级提供了重要的引导方向。

此外，在具体的优惠扶持政策方面，许多城市制定了各种措施鼓励各类企业积极向创新型企业转变，如对企业新工艺、新产品发展的引导，为其创新研发行为给予相应的补贴，对于高新技术项目予以资金支持并搭建专家咨询的桥梁，对战略性新兴产业予以厂房、土地转让和租赁的优惠等。在人才引进方面，许多地方还制定了户籍迁入、薪酬待遇、子女入学、医疗服务、买房补贴等优厚措施以吸引高端人才[15]。

国家和地方政府在政策上为企业转型升级提供了理论引导和策略辅助，并且在具体的扶持政策上也提供了一系列优惠补贴措施，为企业转型升级创造了良好的外部导向。

1.1.3 工业设计逐渐成为社会热点

工业设计在20世纪70～80年代引入中国，尽管发展较为缓慢，但近十多年却在社会中得到广泛的关注，设计教育蓬勃发展，政府和企业对设计的认知不断提升，工业设计获得了前所未有的发展环境。

（1）在设计教育方面。现今我国设有设计专业的高等院校数量相较于20世纪末增加了近10倍，达到了1 000多所，除去博士、硕士和继续教育的学生，在校生的数量超过了54万人，每年有将近15万走向工作岗位[16]。另外，每年的设计工作坊、设计论坛等数不胜数，中国已成为设计教育大国。

（2）在企业方面。近些年我国企业的设计意识不断提高，涌现了如海尔、联想、海信、创维、小米等一批因设计而获得较好发展机遇的企业。2001年联想正式成立工业设计中心，在2008年北京奥运会期间还承担了奥运火炬的设计任务；海尔也设有专门的设计部门——海高，它不仅负责海尔自己的产品研发，还承接企业外的设计项目；海信、创维也都设有自己的设计研发或用户体验中心，小米更是通过设计创新将目光定位于智能家居产品市场。在互联网技术的影响下，设计与企业的对接将更加紧密，尤其是在3D打印技术出现之后，人们对设计的关注度进一步高涨，设计将在企业和社会中变得越来越普及。

（3）在政府推进方面。2007年，国务院前总理温家宝亲自作出批示："要高度重视工业设计"，由此工业设计逐步成为国家和各地方政府重点扶持的领域，全国进入了发展工业设计的热潮。各地工业设计协会、创意产业基地和园区、产学研中心不断涌现，如北京DRC工业设计创意基地、深圳"设计之都"园区、无锡（国家）工业设计园等等；各种设计比赛也不计其数，如有政府部门或者省级协会组织的红星奖、中国设计业十大杰出青年评选等。2010年工信部、教育部、财政部等多个部委还联合发布了《关于促进工业设计发展的若干指导意见》，正式提出了工业设计产业发展的方向和原则，工业设计逐步与国民经济的发展紧密联系在一起。在国务院《国民经济和社会发展第十二个五年规划纲要》中，还提出了积极引导工业设计从外观设计向高端综合设计服务转化的战略要求。另外，在《工业转型升级规划（2011—2015年）》中更明确指出大力发展以功能设计、结构设计、生态及包装设计为主要内容的设计产业规划，为工业设计的发展指明了方向。"十三五"规划大纲又提出"实施制造业创新中心建设工程，支持工业设计中心建设"，"设立国家工业设计研究院"等目标[17]，充分彰显了政府对工业设计的高度重视。另外在知识产权保护方面，国家知识产权局进一步简化了专利申请的材料和手续，并且还开通了网络电子申请通道，对处理专利的时限也进一步缩短，吸引了越来越多的企业通过法律途径保护自己的设计成果，从侧面调动了企业设计创新的积极性。

1.2 选题缘由

1.2.1 我国家具企业转型升级势在必行

正如前文所述，我国家具企业当今的发展环境与20世纪相比，发生了巨大的变化。20世纪80年代是我国家具产业的起步阶段，由于当时经济水平不高，消费价格偏低，我国制造型企业在要素成本方面具有较大的价格优势，因此依靠数量规模的扩张，企业获得了较快的成长机遇。但另一方面，较大的低成本优势也造成了企业经营者创新意识缺乏，思维僵化，盈利模式过于单一，过度依赖要素的投入，忽略了自身软实力的塑造。虽然经历了30年左右的发展，但是极少企业能够拥有在国际上有影响力的技术成果，在设计创新方面，真正优秀的原创设计更是少之又少。随着国内消费价格的提升，工人工资呈现指数式的增加，资源要素价格也翻了几倍，原有的低价格优势正渐渐消退，严重影响了企业的利润。尤其是2008年金融危机时，国际市场订单大幅减少，不少家具企业走向破产，转型升级势在必行。我国家具企业所面临的新发展环境及其对企业转型升级所带来的急迫性是本书选择研究主题的主要原因。

1.2.2 设计创新有着优越的自身特点

在企业转型升级的动力研究中，"创新"是被提到频率最多的词语。国家"十二五"和"十三五"规划中，也都明确指出要不断提高企业自主创新能力，摆脱要素规模式经营方式，走新型集约化发展的路线。在企业创新活动中，设计创新和技术创新是两种主要的形式。家具制造业属于典型的劳动密集型行业，产品对技术变革的敏感度和依赖度较低，而且技术研发需要较长的时间周期、较高的研发经费投入，企业承担的研发风险也比较高。我国家具企业多属于中小型企业，资本经费较为有限，技术研发的能力和经验不足，也缺乏技术研发所需要的人力资源，更不愿意承担技术研发失败所带来的高风险。因此，企业最常见的“技术创新”形式就是购买新的生产机械和设备，许多企业甚至并没有设置专门的新技术研发机构。相反，设计创新则具有一些更适宜于该类企业发展的特点：

首先，设计创新的门槛较低，它不像技术研发那样需要较长时间和较为深入的理论研究和反复实验，并且企业获取设计人才的途径也相对容易；其次，设计创新的研发周期较短，市场反馈也更直接，对家具新产品特点的体现更为直观；再次，设计创新的投入成本较低，设计活动不像技术研发那样需要较为专业化的设备和环境条件，并且相较于技术人员，国内设计师的人力工资也偏低。最后，技术创新存在着同质化速度较快的问题，新的技术出现之后，很容易在短时间内被其他同行所吸收，从而使企业丧失技术优势，而设计创新虽然也存在被竞争对手抄袭的可能，但随着专利法规的不断完善，这种现象将逐渐好转，并且在某种程度上竞争对手的抄袭行为，无形中也帮助企业宣传了自身的品牌形象。

基于以上内容，在驱动家具企业发展方面，与技术创新相比，设计创新有着许多自身的优势，因此本书选择以设计创新为突破口，研究其对企业发展的驱动作用。

1.2.3 设计创新在其他行业具有较多的成功经验

近些年来，随着互联网技术的不断普及和政府对建立创新性国家的引导，工业设计在各行各业繁荣起来，如前文提到的海尔、小米等企业都依靠设计走向了新的发展道路，设计在社会中得到了极大普及，公民的设计意识也有了较大提升。设计在许多行业得到重视并对企业发展表现出极大驱动力。另外，在其他国家的家具行业，如在意大利，设计已经成为意大利家具的标签，每年的米兰家具展吸引了世界各地的游客和参展商，意大利家具的高价格不仅仅来源于其精良的制作工艺，更与其高超的设计水平密不可分，一些经典的设计样式已经流传了几十年。

相反，在我国家具行业内，虽然设计师的数量有了较大幅度增长，但经典的设计作品却并不多见，许多设计师的工作更倾向于辅助市场销售，并不真正从事新产品研发的工作。一些企业还采用了“山寨”“模仿”等手段，直接将国外优秀的设计抄袭过来，虽然短期内可以获得一定的报酬，但从长远发展的角度来看，这种做法并不可取，而且还极容易受到对方的法律诉讼。

我国家具企业对设计创新的理解和应用仍存在着错位的现象，导致其价值难以发挥，而设计在其他行业却表现出了较强的驱动作用，为我国家具企业提供了借鉴和参考，这也是本书选择以家具企业设计活动作为研究对象的重要原因。

1.3 研究目的和意义

1.3.1 研究目的

1）梳理我国家具制造企业设计创新对企业转型升级作用的现状问题

近些年，我国家具企业环境发生了巨大变化，原有的低价格优势已经非常微弱，市场已经由供不应求转变为供过于求，同行竞争极为激烈，同时消费者审美需求也发生了极大变化，个性化消费成为重要特点。另一方面，随着技术的不断发展，家具生产的工艺和设备逐渐成熟，“互联网＋”也逐渐成为企业发展的新方向，企业设计创新的意识越来越强，设计师数量不断增长，但在对设计的使用过程中，很多企业仍处于迷茫的状态。多数家具设计师并不从事新产品研发活动，而是市场销售的辅助工作，极大限制了设计驱动力的发挥。本书通过对我国家具制造企业现状的分析，力求梳理出企业设计创新运行的现状问题，并结合企业实际，研究问题的相关影响因素，以求探寻问题解决的方法。

2）探求驱动企业转型升级发展的设计创新战略定位特征及思路

在我国家具企业发展的初期，企业对设计战略的概念还较为模糊，在生产经营中以模仿抄袭为主，这种做法降低了企业新产品研发的风险，也符合企业设计经验缺乏、设计能力不足的现状，同时在生产工艺的处理方面，也有相应的企业可以学习和参考。因此，它在一定程度上促进了发展初期的家具企业成长，但却存在着很大的隐患。从企业长远的发展角度来看，模仿抄袭的做法使企业产品风格混乱，不利于企业品牌形象的形成，削弱了产品在市场上的认知度，使企业在市场竞争中始终处于跟随者的角色。另外，一味地抄袭也阻碍了企业设计能力的培育。本书通过对我国家具企业产品的对比和分析，力求客观地体现出现阶段企业设计战略定位的状况，并从企业转型升级的角度，探讨符合企业长久发展的设计战略定位方法。

3）探讨驱动现阶段企业转型升级的设计创新路径构建方法

设计创新路径的研究围绕企业在“设计要素投入—设计展开—设计绩效表现”三个阶段展开。目前，我国家具企业对设计创新的认知还不够，在对设计创新的投入上显得较为盲目，很多企业设计经费投入较多但设计成效却并不能让人满意。在设计实践活动的开展中，企业过度参考已有产品，缺乏对设计发展方向的正确把握和引导。另外，在绩效表现方面，设计的价值也较为抽象，难以量化，因此企业无法直观地检验设计效用发挥的程度。本书通过对设计驱动要素、设计活动运行特点以及设计绩效表现的研究来确定企业设计要素投入的重心、设计的创新方向等，以提升企业要素的配置优化，驱动转型升级。

4）寻求构建企业设计创新生态化体系的途径

企业设计创新的生态化体系，是企业设计活动良性化运行的保障。企业设计活动需要技术、组织、人力储备、资讯供给等部门的支撑，在其运行的不同阶段都在与不同的部门发生关系。如设计与技术部门，新的设计创意需要新技术成果的支撑，同时新的技术成果又可以激发新创意方案的产生，因此要保证技术对设计活动的积极作用，就需要建立常态化的技术供给平台。同样，设计活动也需要长效的人才供给和培养机制、设计资讯捕获机制等支持。本书基于设计活动的特点，通过研究企业设计创新常态化、良性化运作的制度保障，探寻构建企业设计创新生态体系的方法，并通过该体系带动企业内部创新链形成，进而驱动转型升级

1.3.2 研究意义

本书以我国家具制造企业为对象，以转型升级为目标，研究企业设计创新活动运行的特点及其对企业转型升级的驱动作用机理，通过理论和实证研究，寻求企业合理的设计战略定位、设计路径构成形式以及构建企业设计创新生态体系的方法。因此，本书研究的意义主要有以下几个方面：

（1）有利于企业从设计创新的角度思考企业转型升级的可行性，对企业转型升级具有一定的启示意义，拓展了转型升级的思路。

（2）为企业更好地开展设计活动提供理论依据和案例参考，指导企业合理统

筹设计创新的要素投入,正确引导设计方向,充分挖掘设计创新的价值,激发其对我国家具企业发展的强大驱动力,促进企业在当前环境下更好地发展。

(3) 有利于提高企业的自主创新能力。本书有利于提高企业对设计创新的认知,正确规划设计创新在企业发展中的地位,以设计创新带动企业整体的创新氛围,进而塑造企业差异化的品牌形象,摆脱模仿抄袭的传统设计思维。

1.4 相关概念的界定

1.4.1 设计创新

就制造型企业而言,其设计活动一般包含两种类型:一种是以款式、材料、造型、色彩和功能等改变为主的产品艺术设计;另一种则属于以工艺技术改进、工序革新和设备升级等为主的技术工艺设计。在企业创新发展的过程中,两种类型的设计都发挥着重要的作用,并且相互影响。如图 1.1 所示,图 1.1 中①表示产品艺术设计创新,图 1.1 中②表示工艺技术设计创新。在中间二者交叉的白色部分,表示由新技术成果的应用而导致的艺术设计创新活动,即以技术带动艺术的创新,或者由于新的艺术设计创新而导致的技术工艺设计方面的活动,即以艺术带动技术的创新。前者主要指技术成果先于产品而出现,如苹果公司的 Ipod,就是由于新的数据存储技术的出现和应用而激发出产品的艺术设计创新行为;而后者则主要指产品方案先于技术成果而出现,比如由一些概念性设计催生出来的技术创新活动等。图 1.1 中③代表的是企业在现有工艺和技术条件下,所从事的产品艺术设计活动,它不需要新的技术支撑,现有的技术条件就可以满足新产品的实现;图 1.1 中④则指在不影响现有产品造型、功能和形态等艺术特征下,企业所进行的工艺或技术创新活动。一般来讲,多数情况下,企业设计活动是以一种类型为主的,但很多时候它又会影响到另一种形式的设计。

本书所提到的设计,既包括图 1.1 的①中所示的产品艺术设计活动,还包含①与②交叉的区域,即工艺技术设计与产品艺术设计相互影响下的企业创新活动。

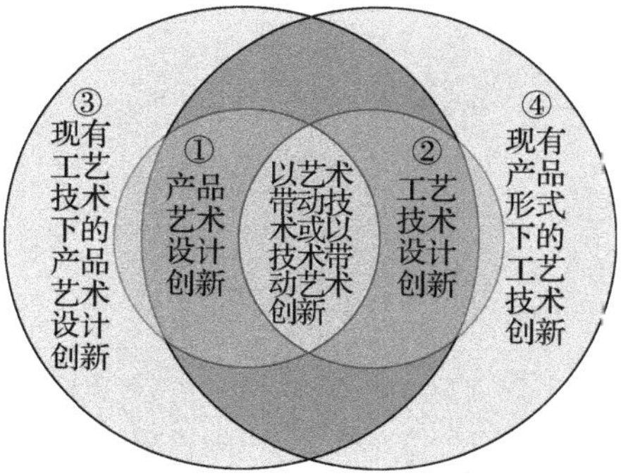

图 1.1 设计创新界定

1.4.2 转型升级

目前，学术界对转型升级尚未有一个明确的定义，现有学者多从转型和升级两个角度切入研究，二者的侧重点稍有不同。

其中，企业转型一般包含两个层面的意义：一是企业行业领域的转变，如从原有的经营行业转向其他行业，还包括企业从原有的核心技术或者核心优势领域跨入新的领域，转型在该层面的内涵主要指企业在不同行业或不同领域的转变；二是管理层面的转变，如企业为适应外部环境的变化或为降低企业成本、提高内部生产运作效率，在企业管理模式、生产模式、经营重心或公司治理结构等方面的转变[18]。

在企业升级方面，主要指企业通过培养或完善自身的创新能力以增强市场竞争力，使企业从低附加值产品的生产转向高附加值产品生产的过程，并且在此过程中，企业在产业链或者价值链上的位置也随之得到提升[19]。

本书提到的家具企业转型升级概念也以此为基础，但研究的重心稍有不同。在企业转型方面，本书并不讨论企业行业属性的变化，而主要研究企业的自我调整，如企业核心竞争优势的转变，以及由此而产生的企业管理模式、生产经营重心和治理结构等方面的变化；在企业升级方面，本书以企业在产业链、价值链层面的升级为主要研究对象，也包括产品属性的升级、生产要素组合构成的升级等内容。

1.5 国内外研究现状

1.5.1 国外研究现状

“设计”一词最早来源于拉丁语，其原型为“de＋signare”，前者“de”为动作前缀词，后面的“signare”为“标记”的含义，整个词的意思为：给某个事物加以标记或赋予新的符号特征，使其区分于其他的同类事物。后来随着设计学科的发展，学术界对设计内涵的研究逐渐深化。

早期对“设计”的理解多从其本意展开，如符号学概念的提出者 Krippendorff 认为设计就是创造新事物的过程，它赋予事物新的符号形式，并使之产生新的意义[20]，使其与众不同。这一概念从“sign”的角度出发，将设计活动阐述为功能符号化过程，加深了对设计本质的理解，构成了早期设计理论研究的基础，也开启了设计语义学研究的序幕。

从设计史发展来看，设计的产生与社会生产力的发展密切相关。在国外设计的发展中，工业化革命之前，手工艺是设计表现的主要形式，并且设计风格的体现也主要集中于经济和社会地位较高的权威人士和富人阶层。如巴洛克、洛可可风格主要从宫廷风格蔓延开来。而在社会底层的平民生活中，由于经济状况的制约，生活用品则主要以基本的实用功能为原则。从表现风格上来看，早期的设计活动可以追溯到古埃及、古希腊、古罗马时期，这时期的风格与权力相关，多直接将自然界的动植物直接借用过来。进入中世纪时期，设计的主要题材又来源于宗教，这与当时人们的信仰直接相关，如拜占庭、哥特风格等。后来随着文艺复兴的出现，设计风格又注重人文主义，注重思想的自由表现，以及继而出现的浪漫主义风格都多少带有这种特点的影子。从设计师的构成看，工业革命之前的设计师多由画家、建筑师充当，这与他们的绘画表现技能是有关系的[21]。在工业革命之后，工业设计师才开始慢慢出现，从早期反对工业化生产的手工艺运动，到承认机械生产并积极探索工业模式下产品形态功能方式的包豪斯，这一时期的设计经历了多种围绕机器与手工艺形式的对抗和徘徊，设计风格也基于装饰与功能之间关系的角度不断发展变化，出现了装饰艺术运动、新艺术运动等不同的设计流派。包豪斯出现之后，现代主义设计风格得以确立，工业化生产顺应社会发展趋势成为主要的产品生产形式。由此工业设计师开始大规模地出现，并逐渐成为职业化[22]。

在设计与企业发展研究方面，设计多被认为是企业创新发展的一种重要形式。著名管理学大师 Porter 将创新分为五种类型，其中包括产品改良创新与全新产品推出、生产工艺方法创新、市场创新、原料及其渠道创新、结构创新等。其中，产品改良、全新产品研发以及新组织结构等都与企业设计活动密切相关[23]。设计创新的概念由意大利学者 Robert Verganti 最早系统阐述，他在 Krippendorff 研究的基础上，通过对美国和意大利等设计较为成熟（或称设计密集型）企业（如美国 Apple 公司、意大利 Alessi 公司）的分析，将设计上升到企业创新层面，并将其视为企业创新的第三种类型。他认为设计创新主要表现为对产品语言和意义的创新性塑造，因此他将设计驱动式创新（DDI，Design Driven Innovation）定义为一种主要用以传达产品符号及其语言意义的创新活动[24]。他所提到的产品符号主要指产品的造型符号，如形态、色彩、材料、纹理等等，而传递的语言含义则主要体现在社会文化以及用户的需求特点等方面。从他的定义中可以看出，设计创新追求的是产品信息的传递或者产品语言的新颖度，其活动主要围绕语义的塑造而展开。Von Hippel 等也基于他们对设计创新概念的理解，提出了设计激发创新（Design Inspired Innovation）的说法，在他们的研究中多强调设计对企业内部各个因素的整合表现能力，即通过塑造新的产品信息语义推动企业发展，这一观点与 Verganti 的观点几乎一致[25]。

Verganti 对设计的研究多基于企业创新的层面，而从设计学研究领域看，设计的内涵更注重艺术和技术的结合，用以解决人类生活中的各种问题，以提升人的生活方式和生活品质为目标[26]。这种观点与 Verganti 的定义稍有不同，它更偏向于对设计活动本身的研究，主要探讨如形态与功能的关系处理，功能问题的解决方法等，目的在于促进设计技能的提升，但很少文献将对设计的研究上升到企业整体创新的层面。然而，另一方面它对设计的理解却比 Verganti 显得更为深刻，它突破了对符号和语言塑造的表面设计现象，而更关注于解决人类生活方式问题的本质。这些从国际工业设计协会对工业设计的定义中就可以看出来，20 世纪 80 年代国际工业设计协会理事会（ICSID）对工业设计做出的定义为：

“就批量生产的工业产品而言，凭借训练、技术、经验及视觉感受，而赋予材料、结构、构造、形态、色彩、表面加工、装饰以新的品质和规格，叫做工业设计，并且当需要工业设计师对包装、宣传、展示、市场开发等问题的解决付出自己的技术知识和经验以及视觉评价能力时，这也属于工业设计的范畴。”

这个定义主要是从工业设计师工作内容的角度提出的，也反映了工业设计的主要内涵。另外，2015 年 ICSID 正式改名为“国际设计组织 WDO”(World Design Organization)，并对工业设计的定义重新进行了修正：

“设计旨在引导创新、促进商业成功及提供更好质量的生活，是一种将策略性解决问题的过程应用于产品、系统、服务及体验的活动。它需要多学科共同进行创造性活动，为建立更好的产品、系统、服务、体验或商业网络的机会，提供新的价值以及竞争优势。设计通过其输出物对社会、经济、环境及伦理方面问题的回应，旨在创造一个更好的世界。”

由此可见，与 Verganti 的理解相比，国外设计学领域对设计的定义更偏向于纵向内涵的挖掘，而 Verganti 更关注于设计创新在企业层面的横向扩展，强调设计创新与市场需求、技术创新之间的区别和联系。

为更好地理解设计创新的内涵，本书对国外一些具有代表性的设计概念进行了梳理，具体如表 1.1 所示。

表 1.1 设计概念整理[27]

定义角度	设计概念内涵	定义主体
设计本质	赋予事物新的符号，使之区别于其他同类事物	“De＋signare”
	设计围绕用户赋予产品语义，并用以传递信息	Garcia&Calantone(2002)
	设计就是赋予产品以新的意义，并激发用户购买行为的产生	Verganti(2008)
	设计就是让产品有意义	Krippendorff (1989)
	设计就是追求新的可能	武藏野
	工业设计是满足人类物质需求和心理欲望的富于想象力的开发活动	亚瑟·普洛斯(ICSID 前主席)
	设计旨在引导创新、促进商业成功及提供更好质量的生活，是一种将策略性解决问题的过程应用于产品、系统、服务及体验的活动	WDO
设计内容	工业设计是一种提升产品品质的活动，所谓品质不仅包括产品外观，还包括产品结构和功能之间的各种关系	ICSID(1969)
	设计赋予产品的材料、结构、构造、形态、色彩、表面加工、装饰以新的品质和规格，还包括包装、宣传、展示等	ICSID(1980)
	设计根据产品的功能、制造技术、使用以及界面要求，选择相应的元素、材料和组件并加以配置，从而赋予产品独特的外形、性能、制造方法，使其易于使用	Chiva&Alegre (2007)

国外有关设计的研究文献较多，在设计概念内涵的研究方面，主要分为两种角度：一种是从设计的意义出发，揭示设计活动的本质；另一种是从设计的工作内容出发，阐述设计的过程行为。从研究趋势上看，设计学领域更倾向于从人生活问题的解决出发，而不局限于造型的本身；而在管理学领域，研究者更倾向于把设计活动作为企业创新发展的一种动力来源，因此研究中多与企业创新结合起来，探讨设计与企业创新其他层面之间的关系。

1.5.2 国内研究现状

1）设计在中国的发展

在我国，设计理论的发展充满了各种风格的演变，这些风格变迁也记录了设计内容主题的变化。在设计传入中国的早些时候，由于国内对设计的理解不够深入，普遍认为产品的设计等同于产品的美化过程，设计师也就多等同于美工，因此这个时期的设计师主要由两部分人组成，一部分人是美术家，另一部分则是建筑师[28]。此时设计师所从事的工作内容更多的是在产品或者器物的表面做图案的绘画，并且绘画的主题多偏向于具象的山水、人物、花鸟等题材。在解放初期，伟人领袖的形象和诗词也进入到装饰题材的范围，所以在这个阶段，设计师只是将绘画艺术搬到产品上，并没有太多的创意性质[29]。随着设计风格的演变和人们对设计认知的深化，越来越多的设计师意识到设计不仅仅是对二维图案的处理，更重要的是对三维造型的塑造，设计师的工作内容又从平面转移到立体形态。再后来，西方的设计理念逐步传入中国，设计理论家开始反思设计的本质，并且将设计的主题从形态转移到形态和功能的有机融合上。在形态与功能关系的处理上，设计史中出现了不少的理论和风格，如形态追随功能、“少就是多”以及“形态追随激情”“少就是乏味”等等[30]。继而，在设计理论进一步发展的基础上，设计内容又开始从只关注于产品本身转移到研究产品的使用者——“用户”身上，提出了以用户为中心的设计(UCD，User Center Design)，反映了人们开始思考设计的本质——解决人生活中的问题。在以人为中心的设计理念基础上，又出现了用户体验设计，即将设计的对象转移到人的行为过程研究上，交互设计逐渐成为主流，设计成果的形式也从产品转移到服务上，从有形的物变成了无形的服务，甚至有时还以某种平台的形式出现[31]，如各种手机应用软件的不断涌现。设计主题在我国的演变和深化过程大致如表 1.2 所示。

表 1.2 我国设计主题的发展演变

发展时期	设计主题内容	设计的意义	设计成果形式
民国初期—解放初期	风景、人物等具象形象	美化产品	图案、文字
解放初期—80 年代初期	三维造型	艺术化产品	产品形态
80 年代—20 世纪末	形态与功能的结合	形态功能整合	产品与功能
2000 年左右—2005 年左右	以用户为中心(UCD)	解决用户问题	产品
2005 年左右—2008 年左右	用户体验过程（用户体验设计）	提供愉悦的使用体验	产品
2008 年至今	用户行为和需求（交互设计、服务设计）	提供更为便利的生活方式	服务、平台

注:在各个时间范围内,也存在着交叉性的设计主题,如用户体验设计与交互设计、服务设计在本质上也属于以用户为中心的设计,只是对设计理念的进一步深化。

2）基于企业发展层面的设计研究

国内学术界从企业层面对设计创新的研究数量较为有限,并且也多集中在近些年,设计创新在企业中得以重视的时间也较晚。早期学者们对企业设计创新的研究,多是融合在对产品功能技术创新的研究方面,并逐步转移到以企业设计创新为主要对象的研究上[32]。目前,国内学者们对企业设计创新的研究,主要集中在设计创新机制及相关影响因素等方面。如陈雪颂认为设计之所以能够推动国家和企业的竞争力增长,主要有三个方面的原因:首先是知识经济的兴起,设计将技术知识和社会文化知识整合在一起;其次消费产品的过剩促使人们更加注重产品的语义信息;最后制造业成本提升使得设计能力较强企业的附加价值得到展现[33]。

另外,陈劲等人梳理了企业创新理论的发展,认为当前的第 6 代创新理论主要以开放式创新为主,以交叉合作的协同创新为主要形式,即要推动技术创新、市场创新以及设计创新的互动融合,因此提出了企业设计创新发挥效用的机理模型[25]。陈圻等人也通过探讨设计、技术与市场之间的作用形式,提出要通过建立设计与技术、市场之间的平衡机制来塑造三者共同驱动企业发展的模式。同时,陈国栋等人还认为三者存在一定的耦合区域,并体现在语义、形态、功能、工艺等方面的创新上[34],为从企业经营层面对设计展开研究进行了积极有益的探索。另外,陈劲等人还提出了设计创新的三个维度:资源、认知和关系,其中资源包含了技术支持的部分，认知包含了功能认知以及体验认知[35]，也在一定程度上揭示了影响企业设计创新能力的重要因素。在设计创新能力的培养与绩效表现方面，俞湘珍等从企业技术能力、产品语义创新能力以及创新绩效三者之间的关系出发，构建模型，通过实证研究发现，设计创新可以分为内涵设计能力与外延设计能力。外延设计能力主要指用户可以感知的象征符号，如产品的功能、操作、人机交互界面等。内涵设计能力主要指顾客可以感知的心理、文化、社会等方面的价值，即产品所传递的物质内容以外的感性信息。他们发现这两种设计能力都能够提升企业的创新绩效，并且产品意义创新能力与企业绩效显著正相关，而内涵设计创新能力对创新绩效最为重要[36]。陈圻等还通过对设计产业的实证研究，指出企业设计创新不存在要素驱动因素，资本驱动也难有成效，并且目前政府的引导作用也并不明显[37]，为企业设计创新活动的开展提供了理论参考。

1.5.3 国内外研究现状小结

从以上研究可见，国内外学者对设计创新的研究主要分为两个层面：一个是基于企业发展的层面，另一个则是聚焦在设计领域。前者主要探讨企业开展设计活动的机制、设计对企业发展的作用以及评价方法等，这类研究主要关注于设计与企业各个层面的关系，研究的学者多集中在管理学和经济学领域；而后者则主要关注于对设计过程本身的研究，如设计的内涵、本质、理念方法、风格变迁等等，很少探讨设计与企业发展的具体模式和机制之间的关系，因此相关的研究学者多属于艺术、设计领域。

这些研究在一定程度上反映了设计在产业中的需求和应用得到越来越多的重视，设计在企业内的重要性也在逐渐提升，设计创新与企业生产经营活动的结合将变得越来越紧密，并将成为设计理论研究的一个重要课题。但从另一方面看，虽然现有许多文献指出设计创新可以促进企业发展，甚至有的文献还提到设计创新有利于推动企业的转型升级[38-39]，但在这些文献中尚未发现有学者对设计创新促进企业转型升级的具体机理过程做出研究，并且也很少有文献对当前企业设计创新活动开展的路径、方法、制度保障等进行全方面、系统化地深入探讨。目前，在以家具为代表的我国传统制造行业内，大多数企业的设计能力不强，设计创新的效用并未得到充分发挥，而同时在新的市场环境下，企业转型升级的压力又在不断增大，企业急需探索转型升级的新模式和新思路。基于此，本书在现有研究成果的基础上，以设计创新为对象，探讨设计创新驱动我国家具企业转型升级的路径和机制，以求为我国家具企业乃至整个传统制造业的转型升级提供启示和借鉴意义。

1.6 研究主要内容

本书的研究内容主要有以下几个方面：

1）设计创新促进企业转型升级的机理

创新是企业转型升级的重要手段，企业创新活动主要包含技术创新和设计创新等，不同的创新类型促进企业转型升级的表现形式有所差异。研究设计创新驱动企业转型升级的方式，可以更好地提高企业设计创新的效率，使设计活动有的放矢，目标性更强。本部分的研究将依据企业转型升级的内涵和目标，对照家具企业设计创新的作用形式和绩效表现，寻求二者之间的对应关系。企业转型升级包括生产链转型升级、价值链转型升级、创新链完善升级以及生产要素优化升级等方面，而设计创新不仅使企业的经营重心从生产环节转移到研发环节上，而且还无形中提升了产品的附加价值以及企业的品牌形象，是完善企业创新能力的重要表现，二者之间存在着潜在的对应关系（如图 1.2 所示），这种对应关系体现了设计创新驱动企业转型升级的途径和机理。本部分内容将基于二者的对应性，着眼于设计创新的过程，探讨设计活动本身推动企业转型升级的形式和过程。

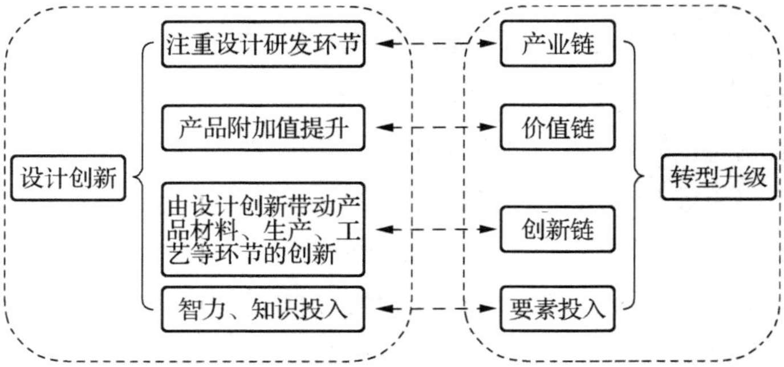

图 1.2 设计创新与转型升级对应关系

2）我国家具企业转型升级的现状及问题

基于现阶段我国家具制造企业的发展环境，从国际、国内两个角度研究企业发展的状况和问题，如企业在国际市场中盈利的主要模式、竞争优势状况等，国内方面如市场竞争环境、政府引导支持措施、企业发展模式等。此外，从设计活动出发，对我国家具企业设计创新开展的模式进行分析，如设计投入、设计表现、设计师状况等。在现状分析的基础上，梳理和总结家具企业设计创新开展的现有主要问题，并对背后的原因进行分析。

3）设计战略对产业链与价值链升级驱动研究

合理的设计战略定位能够引导企业向设计研发、设计营销推广倾注更多的注意力，从而使其向产业链的前端和后端转移，另外设计战略定位也影响着产品附加价值的表现，促进企业价值链层级提升，因此它对企业在产业链和价值链层面的转型升级具有重要影响。本部分以产品差异化作为企业设计战略的重要反映指标，并且将产品差异化分为企业内产品多样化和企业间产品差异化两个部分(如图 1.3 所示)，通过建立量表和搜集样品，借助专家评价打分，获取各企业在设计战略定位上的定量化数值，并对数值进行分析以评价我国家具企业设计战略定位的整体状况。在研究中，采用对中国和意大利家具企业分别研究的形式，通过对比凸显我国家具制造企业设计战略的真实状况。最后，对结果展开分析，并探讨现阶段我国家具企业设计战略定位的方法。

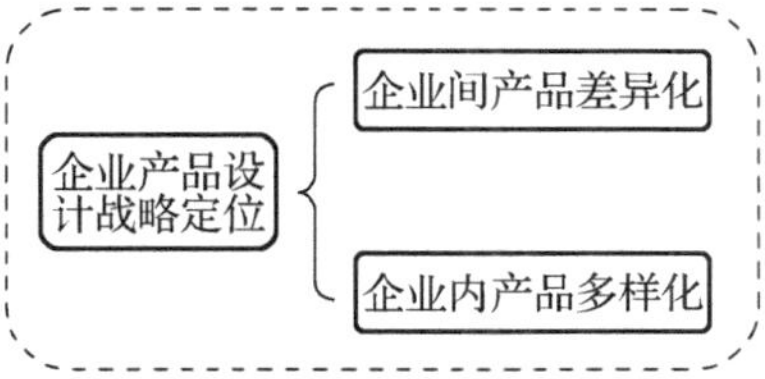

图 1.3 设计战略定位的研究层面

4）设计路径对生产要素优化升级驱动研究

企业设计路径，反映了企业对设计活动的要素投入及设计绩效表现。从性质上看，这些投入多属于无形生产要素形态，因此企业设计投入的增加及其高效产出能够极大提升企业在生产要素配置方面的优化水平。企业设计路径的研究围绕设计创新运行的机制和过程展开，首先基于现有文献的研究成果，构建“设计驱动要素—设计过程展开—设计绩效表现”的路径形式，如图 1.4 所示。对于该路径的前端，主要研究企业对设计活动的投入要素；对于设计路径的中端，主要研究设计过程的展开和设计能力的表现；对于设计路径的终端，主要研究设计绩效的表现。在研究中，寻求各个阶段的变量指标，展开实证研究。对于各变量数据，部分数值可以直接通过调研从企业获取，而难以获取的数据则通过专家评价法和量表法取得。在数据处理方面，借助统计学方程，寻求各阶段变量间的相关性和路径系数，最后根据方程的结果调整最终的路径构成形式，以此获得企业设计创新的路径结构和变量。最后对得出的结果进行分析，研究其原因和实践意义。

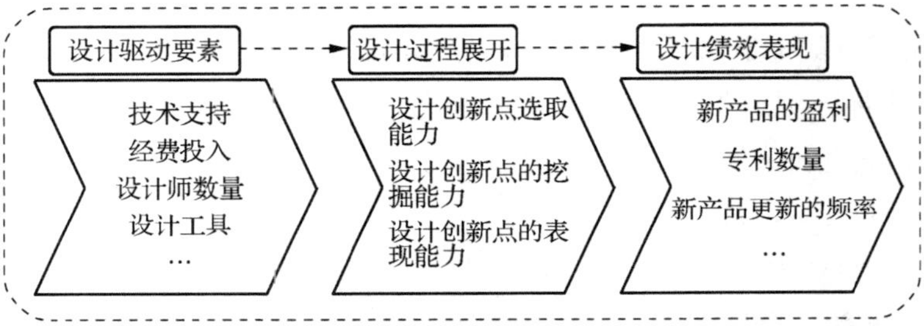

图 1.4　企业设计路径构成

5)设计管理体系对创新链升级驱动研究

企业设计创新管理体系，不仅指企业对设计活动本身的管理，还包括其通过对企业其他活动的引导和约束，以为新设计方案的实现提供新的技术、结构、材料、工艺、营销方式等支持，从而表现出对企业创新链的带动，并通过创新链的形成为企业发展提供全方面的动力，促进转型升级。本部分主要探讨构建企业可持续化、良性化设计体系的方法。企业设计体系，是企业设计创新得以良好运行的制度和组织保障，包括从企业对设计的要素支撑层面(如技术、人才、资讯等)、组织保障层面(设计部门的建立、设计部门沟通等)、项目执行层面(如设计理念执行、设计规章制度、设计成果展示等)(如图 1.5)。这种体系包含了企业战略层面的方向性引导、制度层面的权利和约束以及操作层面的行为规范和要求，它是一个动态的体系，不仅着眼于设计部门的工作属性，还考虑在项目运转的不同阶段，设计活动与其他部门间的合作关系等。

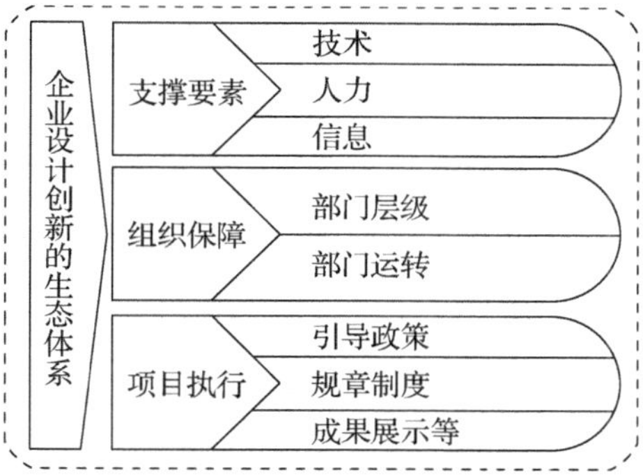

图 1.5 设计创新的制度体系

6）家具制造企业设计创新驱动企业转型升级的测度

本部分主要是对本书提出的观点进行验证，测度设计创新对企业转型升级的贡献能力。研究的主要内容包括：基于已有理论，对二者的关系进行分析，探讨现有文献对二者关系的验证和推理方法，梳理设计绩效的表现指标和企业转型升级水平的测量指标，并以此对企业进行数据搜集和分析，以定性定量的方式探讨设计创新对企业竞争优势的影响及其对企业经济收益的贡献。在定性研究方面，从理论研究的角度对创新、设计创新与企业转型升级之间的相关性进行验证；在定量研究方面，根据二者的反映指标，制定量表，选定目标企业展开调研，通过对调研数据的统计分析再次对二者的关系进行测度；最后，根据理论和实证测度的结果，总结分析设计创新对我国家具制造企业转型升级的贡献能力。

1.7 研究思路方法及技术路线

1.7.1 研究思路

本书以现有理论成果为基础，结合企业实际展开研究，基本思路为：文献研究—关系搭建—企业现状调研—企业设计实践应用探索—设计效用测度。具体思路为：

（1）文献研究。对有关企业转型升级和企业设计创新的现有理论文献进行查阅，梳理转型升级的主要内涵和反映指标，总结有关企业设计创新运行的研究状况。

（2）关系搭建。根据现有理论成果，寻求设计创新绩效表现与转型升级目标内涵之间的对应关系，由这种对应关系搭建设计创新驱动企业转型升级的桥梁途径。

（3）企业现状调研。对我国家具制造企业的发展现状、设计创新的现状进行调研分析，为研究提供相关资料和数据。

（4）设计应用途径探索。根据企业现状和梳理出来的驱动机理，从企业设计战略规划、企业设计路径构建、企业设计生态体系塑造三个层面研究其在企业实践中应用的途径，及其对企业转型升级的驱动作用。该部分是本书研究的核心内容。

（5）设计效用测度。对设计创新驱动企业转型升级的效用进行探讨，分析设计创新促进企业转型升级的能力。

1.7.2 研究方法

（1）文献研究法。通过图书馆和数字网络资源等，对国内外现有文献进行梳理，以指导本书第二章中对企业转型升级理论内涵的研究和对企业设计创新理论的研究，基于现有文献成果搭建二者的关系。

（2）问卷调研法。选取一定数量的我国家具企业进行实地问卷调研，或通过设计展会等对企业进行问卷调研，以获取课题所需的相关资料和数据。如第三章中对企业发展现状资料的研究，第五章中对企业设计路径的研究以及第七章对设计驱动转型升级绩效的测度部分所需的实证数据与资料都主要依赖于问卷调研。

（3）访谈法。通过与企业负责人、设计师、技术人员等进行交流，以了解所需信息。如本书第三章企业现状调研部分、第四章中对设计战略的研究部分都需要通过访谈法与企业相关人员的交谈获取企业信息。

（4）定性和定量分析法。通过定性定量的方法对本书涉及的部分变量进行识别，如通过 Likert 量表法、专家评价法等对研究中涉及的无法直接获取的数据进行量化。该方法主要应用于第四章设计战略的研究、第五章设计路径的确定以及定量研究以及第七章的测度的理论定性与实证定量研究部分。

(5) 比较分析法。对中外家具企业设计创新的战略定位进行对比分析，以探讨二者之间的差异，并分析内在原因。如在本书第四章设计战略研究，就主要通过中意家具企业的对比，凸显我国家具企业的特点。

(6) 统计分析法。在对实证数据进行分析时，主要通过统计分析软件 SPSS 22.0 或 AMOS 21.0 版本进行统计处理，以研究企业设计创新路径的构成形式并测度企业设计创新的绩效。如本书第五章对设计路径的研究就采用统计分析法探讨设计投入与设计能力、设计绩效各个因素之间的相关性。

1.7.3 技术路线

本书的研究主要分为三个阶段：

第一个阶段为前期阶段，主要进行基础研究，包括文献研究和企业现状研究，前者是对企业转型升级以及设计创新理论的内涵特征进行梳理，并分析二者之间的关系。后者则是对我国家具制造企业发展现状和设计创新现状进行调研。

第二个阶段为应用研究，主要是基于设计创新与转型升级的机理分析结果，对设计创新在我国家具制造企业内的应用模式进行探讨，如产业链和价值链升级层面的企业设计战略的定位与规划、生产要素优化层面的设计路径的构建以及创新链层面的企业设计创新生态化体系的塑造等，以此来探讨在企业内建立自上而下的设计保障机制的途径。

最后一个阶段主要研究设计创新对企业转型升级的贡献能力，即对设计创新促进企业转型升级的效用进行测度和验证。

本书的技术路线图如图 1.6 所示。

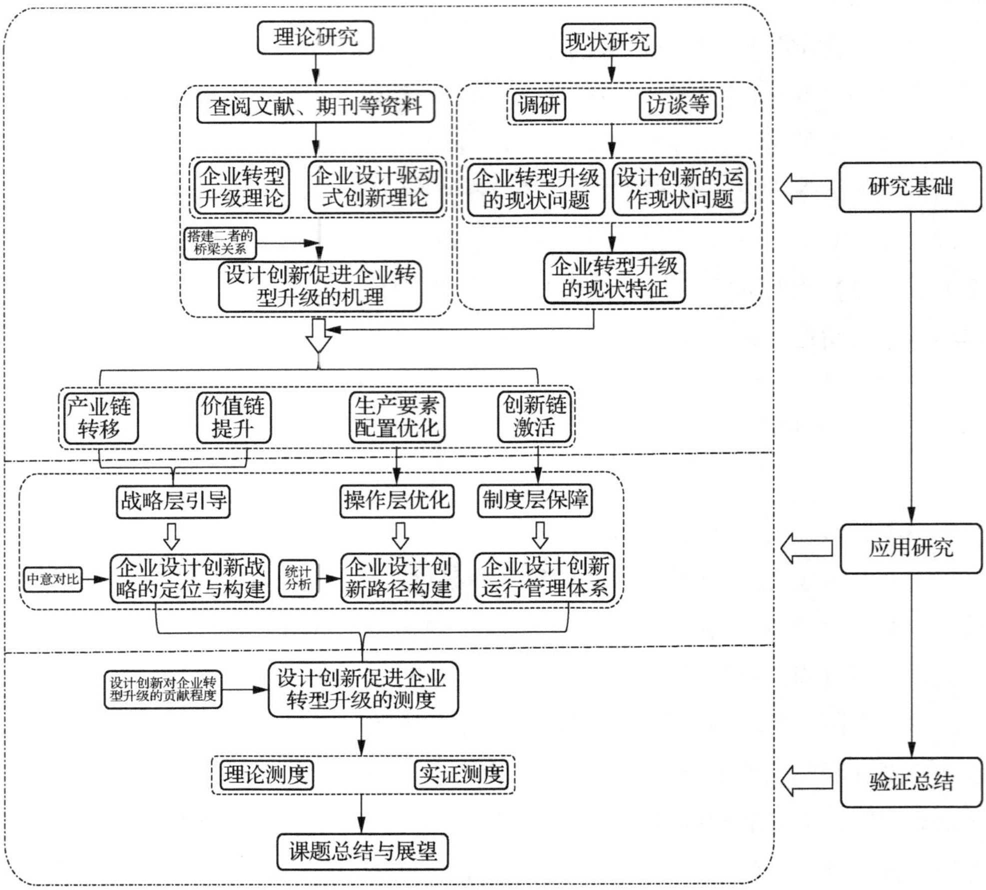

图 1.6　本书研究技术路线

1.8　研究创新点

1）从设计创新的新颖视角研究驱动企业转型升级的可行性和有效性

对企业转型升级的研究，现有文献多聚焦在以技术创新为媒介的研究上，主要探讨技术变革带动企业核心竞争力提升的途径，而设计创新作为企业创新的重要形式，同样对企业发展有着重要的推动作用。尽管有些学者在研究中提到了设计创新对企业转型升级的重要性，但大多数人并没有对设计创新驱动企业转型升级的具体作用机制进行深入探讨。本书以设计创新作为切入点，探讨设计创新与转型升级之间的关系，体现了本书在研究视角上的创新性。

2）从企业产业链和价值链、生产要素、创新链等层面构建了新颖的研究体系

基于已有文献，本书从企业设计战略、设计路径以及设计管理的生态体系三个层面展开研究，探讨其对企业产业链和价值链、生产要素优化配置、创新链三个层面转型升级的作用，搭建了设计创新与转型升级之间的作用机理，并以此构建了本书系统性的研究框架，体现了本书在理论体系塑造上的创新性，也为相关研究提供了新思路。

3）以跨学科的研究方法，将管理学研究工具应用到设计创新的研究中

在研究方法上，本书借鉴管理学分析手法，以定量化形式探讨企业设计战略、设计路径等问题，借助统计学方程对数据进行处理，在此基础上得出研究结论，将管理学理论与企业设计创新的研究结合在一起，体现了本书在研究方法上的创新性。

参考文献

[1] 曾杰杰，聂影. 中国家具产业与全球家具价值链互动分析[J]. 世界林业研究，2010，23(06)：70－74.

[2] 吴智慧. 中国家具产业的现状与发展趋势[J]. 家具，2013，34(05)：1－4.

[3] 夏岚，袁进东. 我国现代家具产业发展研究[J]. 企业经济，2011(8)：86－88.

[4] 汪洪波. 基于供应链的家具生产企业协同运作机理研究[D]. 长沙：中南林业大学，2013.

[5] 王波，张春霞，戴永务. 中国家具产业国际竞争力研究[J]. 中国农学通报，2008(09)：176－182.

[6] 卢杰. 家具产业集群竞争力比较研究[D]. 南昌：南昌大学，2009.

[7] 蒋海铭. 我国木质家具产业国际竞争力研究[D]. 南昌：江西师范大学，2013.

[8] 朱长岭. 中国家具行业可持续性发展探讨与展望[J]. 家具，2013，34(01)：1－4.

[9] 四川省社会科学院课题组，郭晓鸣. 关于“用工荒”的形势判断及应对策略[J]. 农村经济，2010(05)：3－6.

[10] 许美琪. 全球经济变动下的中国家具路在何方？[J]. 国际木业，2008(5)：28－29.

[11] 奚俊芳，陈波. 国外对华反倾销对中国出口企业生产率的影响：以美国对华反倾销为例[J]. 世界经济研究，2014，(03)：59－65.

[12] 周德文. 制造业“东南飞”代工企业可转向互联网营销[J]. 中国战略新兴产业，2016(19)：21.

[13] 田刚，董博雯. 人民币汇率变动对我国木质家具出口贸易的影响及应对措施[J]. 林业经济，2010(03)：58－63.

[14] 熊勇清，侯玲玲. 传统产业转型升级促进政策的变迁及特征分析[J]. 软科学，2013(05)：32－36.

[15] 鞠炜，刘宁. 京沪浙粤苏人才政策比较研究[J]. 中国人力资源开发，2013(15)：87－92.

[16] 童慧明. 膨胀与退化—中国设计教育的当代危机[J]. 装饰，2008(4)：56－63.

[17] 侯茂章，胡琳娜，阳志清. 我国工业设计创新现状、存在问题与对策[J]. 中南林业科技大学学报(社会科学版)，2014(02)：69－73.

[18] 孔伟杰. 制造业企业转型升级影响因素研究[J]. 管理世界，2012(9)：120－131.

[19] Gereffi G. International Trade and Industrial Upgrading in the Apparel Commodity Chain [J]. Journal of International Economics, 1999 (48): 37－70.

[20] Krippendorff, K. On the Essential Contexts of Artifacts or on the Proposition That “Design Is Making Sense (of Things)” [J]. Design Issues, 1989, 5(2), 9－39.

[21] 陈于书，熊先青，苗艳凤. 家具史[M]. 北京：中国轻工业出版社，2009.

[22] 何人可. 工业设计史(第四版)[M]. 北京：高等教育出版社，2010.

[23] 迈克尔·波特. 竞争战略[M]. 陈小悦，译. 北京：华夏出版社，2005.

[24] Verganti, R. Design, Meanings, and Radical Innovation: A Meta-model

and a Research Agenda [J]. Journal of Product Innovation Management, 2008, 25(05):436 - 456.

[25] 陈劲,陈雪颂. 设计驱动式创新——一种开放社会下的创新模式[J]. 技术经济,2010,29(08):1 - 5.

[26] 程能林. 工业设计概论[M]. 北京:机械工业出版社,2011.

[27] 俞湘珍. 基于设计的创新过程机理研究[D]. 杭州:浙江大学,2011.

[28] 王受之. 世界现代设计史[M]. 北京:中国青年出版社,2015.

[29] 陈瑞林. 中国设计史[M]. 武汉:湖北美术出版社,2009.

[30] 何人可. 工业设计史(第四版)[M]. 北京:高等教育出版社,2010.

[31] 辛向阳. 交互设计:从物理逻辑到行为逻辑[J]. 装饰,2015(01):58 - 62.

[32] 陈国栋,张海波,陈圻. 设计驱动在企业创新行为中的地位研究[J]. 科学学与科学技术管理,2012,33(05):122 - 129.

[33] 陈雪颂. 设计驱动式创新机理研究[J]. 管理工程学报,2011,25(04):191 - 196.

[34] 陈圻,陈国栋. 三维驱动力网络创新路径及其组合研究[J]. 科学学研究,2014,32(01):122 - 129.

[35] 陈劲,陈雪颂. 设计驱动式创新——一种开放社会下的创新模式[J]. 技术经济,2010,29(08):1 - 5.

[36] 俞湘珍,陈劲. 企业设计创新能力的构成及培养研究——产品语义学视角[J]. 科研管理,2017,38(01):37 - 45.

[37] 陈圻,王汉友,陈国栋,等. 中国设计产业钻石模型的双结构方程检验[J]. 科研管理,2017,38(06):67 - 75.

[38] 赖红波. 设计驱动型创新系统构建与产业转型升级机制研究[J]. 科技进步与对策,2017,34(23):71 - 76.

[39] 王晓红. 广东发展工业设计促进制造业转型升级现状与建议[J]. 中国科技投资,2012(29):59 - 61.

2 设计创新驱动企业转型升级的机理研究

转型升级已经成为我国家具制造企业发展的必然趋势，在转型升级的驱动要素方面，创新一直被学术界和产业界所普遍提及。设计创新，作为企业创新活动的一种重要形式，同样对企业转型升级的发展具有重要驱动作用。目前，从家具之外的其他行业来看，设计已经表现出对其他行业发展的巨大促进作用，为我国家具企业设计创新活动的开展提供了丰富的案例经验。另外，从宏观的国家和地方政府层面来看，设计与国家、地方的经济发展，以及与国家、城市的竞争力之间也表现出了密切的联系。企业作为宏观经济的具体表现，其转型升级的发展与企业设计创新活动的关系也将越来越紧密。

2.1 转型升级与设计驱动式创新理论

2.1.1 企业转型升级理论

1）企业转型升级的内涵

在企业发展中，由于商业环境、自身特征等各种因素的变化和相互作用，任何企业都会遇到与其长久以来形成的惯性生产经营和销售模式发生冲突或矛盾的挑战或问题，从而进入企业发展的“高原期”。为了摆脱发展的困境，企业就需要对现有的生产经营模式，或者是组织管理、经营策略等做出适当调整，以适应周围环境的变化，实现企业新的突破和长久发展，这就是企业选择转型升级最直接的原因[1]。在转型升级的概念研究方面，目前学术界并未对其形成一个统一的定义，并且在有关英文文献的研究中，也并没有找到一个与“转型升级”相对应的准确翻译词汇。

尽管“转型升级”一词主要是在国内的文献中被大量地组合使用，但学者们在各自的研究中也多是对“转型”和“升级”进行分别阐述的，二者指代的内容稍有区别。有关企业转型的文献，所涵盖的内容较为广泛，但基本上都描述为是企业在某些方面的改变，这些方面涉及企业行业属性、组织结构、经营策略、营销方式等等；在企业升级的研究方面，现有的文献多将其与企业在某方面比较优势的取得相关联，并且最终体现在企业价值链层次的变动上。

(1) 企业转型的含义

在企业转型的研究方面，很多学者从宏观和微观两个角度展开研究，如图 2.1 所示。

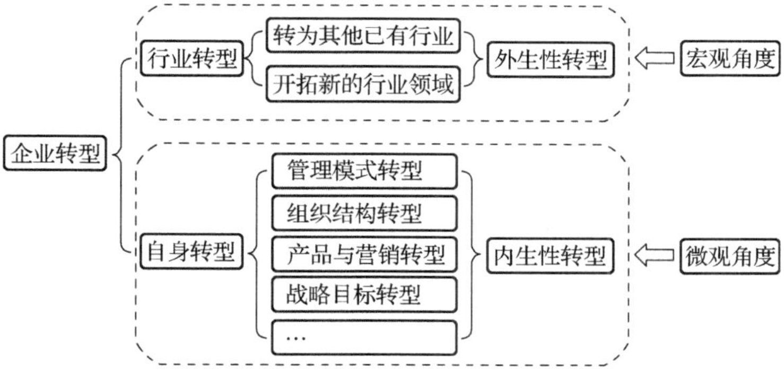

图 2.1 企业转型的研究概况

① 宏观角度

宏观角度多从产业转型的角度进行阐述，如战略大师 Porter(1991)提出，企业经营的成功不仅取决于该企业在行业内是否具有较高的竞争优势，而且还取决于它所处的产业属性是否具有较大的盈利潜力[2]。基于此，王德鲁等学者指出，要保持企业持续性的成长和发展，企业必须时刻对行业的动态及自身的生存环境具有敏锐的嗅觉，当其所在产业发展空间受到限制时，必须及时做出转型的决策[3]。另外，王吉发等人也指出如果企业在现有资源实力的基础上，即便经过改革也无法实现在本行业内的持续发展，或者所处行业已经处于衰退趋势，企业应将注意力集中投向新的行业或现有行业以外的新生领域，寻求新的经济增长模式，甚至完全退出已有的行业，并且他们把企业的这种转型行为定义为企业外生性转型[4]。

② 微观角度

在微观角度，现有文献多集中于从行业内部对企业转型进行研究，多选择企业内部对转型的认知、所采取的行为等作为研究的对象，如企业在组织管理等方面的调整和改变等，包括企业组织结构形式的改变、战略目标的转换，甚至是商业模式的变化等。学者 Blumenthal 等人将企业转型概括为企业组织革新和企业再造，强调转型是企业在认知上、思考上以及行为上的全新改变[5]，是企业在内外发展环境发生变化时，为实现新的发展目标，而对组织进行调整，及时改变目标及战略，从而探索出来的能够适应新环境的新经营模式[6]。因此，有学者将转型定义为组织在价值、形态、目标、技巧以及行为上的转变，使组织更富有弹性，并且企业转型的意图在于通过自身的转换和调整使得企业经营绩效得以改善，并继续保持或者增强自身的竞争优势[7]。学者陈明璋同样也认为，转型是企业在其经营环境发生变化时，为突破发展瓶颈、求得自身生存，而依靠组织调整或改变发展目标及策略，变换结构形态，创造出的适应未来的新经营模式[1]。从微观角度看，企业转型多是企业通过调整自身特征来增强自身的行业竞争力，因此转型的内容更多关注于企业内部，目的在于提高企业在行业内的(而非退出或者进入其他行业)相对竞争优势，王吉发等人将其称为企业内生性转型。

由以上研究可见，企业转型是一种动态的发展过程，是企业自我突破、持续改革的体现，反映了企业自我调整和自我适应能力。

(2) 企业升级的含义

企业升级的概念最早也是从产业升级理论中演化来的，产业升级主要强调产业结构的调整。哈佛大学 Porter 教授提出产业升级是传统产业间要素的调整和转移，使得资本和技术密集型产业获得更多的外部资源，以此获取相对优势而发展的过程[8]，这一观点是从产业层面研究升级理论的典型代表。后来美国学者 Dieter Ernst 在其基础上，通过研究韩国电子产业发展的案例，最早使用了“产业升级(industrial upgrading)”的概念[9]。我国学者对“升级”的研究也多偏重于产业层面，尤其是转型升级的概念在国内刚形成的时期。李鸿阶(1987)在研究 20 世纪我国台湾经济发展特点时第一次使用了“产业升级”一词，继而吴崇伯(1988)又从产业升级的角度研究了东盟国家的产业变化[10]。

在企业升级研究方面，20 世纪的 90 年代末，美国杜克大学教授 Garry Gereffi (1999)最早将企业升级纳入全球价值链(Global Value Chain，GVC)的研究中。他提出，企业升级是指一个企业或经济体提升或者迈向更具获利能力的资本或技术密集型经济领域的过程，反映在价值链上则表现为价值由低到高的增长，一般通过创新和整合两种形式来实现[11]。由此，企业升级更多地与价值链联系在一起，并逐渐成为后来学者们探讨的主要对象。如 Poon 认为企业升级就是企业从劳动密集型逐步迈入资本或者技术密集型，从生产低价值产品向生产高价值产品转换的过程[12]。Kaplinsky(2001)指出企业升级是企业进行产品优化或生产优化，并且向着需要更多技能环节转换的活动[13]。Schmitz 和 Humphrey(2002)则提出，升级是企业通过自主创新能力的提升，使其核心竞争力得到增强，反映在企业通过自我生产经营活动而获得具有更高附加值的企业活动上[14]。

另外，Ernst 在对产业升级和企业升级内涵的综合研究上，还提出了“升级”的五种分类(如图 2.2 所示)：① 产业间升级：指产业层级的变化，即低附加值产业向高附加值产业(如高技术产业)的升级；② 要素间升级：指生产要素类别的变化，即从“自然资产”(或称禀赋资产)向创造性资产(如资本、人力等)转移；③ 需求升级：指消费层级的变化，即从生产必需品向服务型产品、奢侈品等转移；④ 功能升级：指价值链环节的转移，即从生产、组装等向产品研发、系统整合等的转移；⑤ 商品属性的升级：指商品属性从有形到无形的转移，即企业产出对象从物质功能型向知识密集型和服务型产品转移[15]。在这五种类别中，②～⑤主要是属于企业内升级的内容。此外，Humphrey 等人还提出了工艺升级、产品升级、功能升级以及跨产业升级等四种升级的具体内涵[14]，其中工艺、产品和功能升级更多是侧重于 Ernst 分类中的商品属性升级的内容。

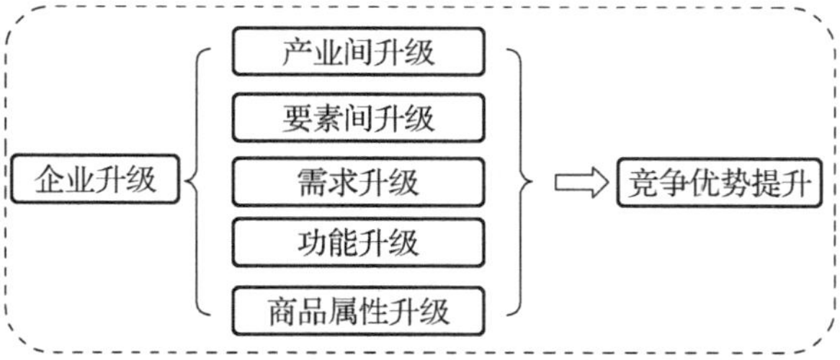

图 2.2 企业升级的类型

从总体上讲，企业升级主要是追求生产能力和竞争力的优化，强调企业要不断地提升自身竞争优势，从过时的专业领域中退出，不断发掘新的发展空间，增强企业长远发展的动态能力[16]。

(3) 转型和升级的关系

在企业层面来讲，基于以上对“转型”“升级”两个层面的文献梳理可知，转型升级是企业在不断变化的生存环境下，及时调整自身的属性特征，追求更具竞争优势的行为。这种行为包括企业提高生产的效率、增强自身技术能力、提升附加价值等，实现由低技术、低附加值向高技术、高附加值的过渡，多表现在 GVC 流程、产品、功能以及产业为主的变化上，最终促使企业的获利能力得到提升。另外，也有学者将企业从高能耗、高污染向低能耗、低污染的转变也归结到转型升级的范畴当中[17]。

总之，企业转型升级是一个持续性、动态性的过程。转型是企业感知到危机之后，所采取的措施及做出的改变，这种改变有时候会涉及企业的本质和属性(跨行业转型)，有时也只是对自身经营策略、组织结构等方面的完善；而升级则更强调转型实施后所取得的结果，如经营指标、产品等级等方面的升级，它强调的是一种提升之后的状态。因此，从某种意义上讲，转型是一种战略手段，而升级是一种目标结果[1]。如图 2.3 所示。

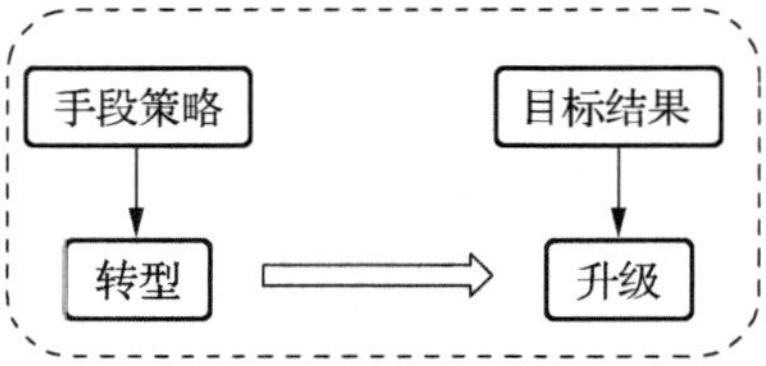

图 2.3　企业转型与升级的关系

2) 企业转型升级的目标

在国务院颁布的《工业转型升级规划(2011—2015 年)》文件中，明确提出工业转型升级的五个方向：一是向内涵型发展，追求附加价值的提升，优化要素投入结构和供给结构，促进发展模式向质量效益型转变；二是向创新驱动转型，增强自主创新能力，由主要靠物质资源消耗向主要依靠技术进步、高素质人才和管理创新转变，进一步提升企业在价值链上的层级；三是向绿色发展模式转型，从高消耗、高投入、高污染、高排放、低效率的粗放型模式向少消耗、低污染、可循环、可持续的绿色清洁方式转变；四是向智能制造方式转变，加深信息技术与工业生产的深度融合，促进企业制造模式向着数字化、网络化、智能化以及自动化方向转变；五是向着服务型转型，大力发展现代化服务业，促进服务型制造的发展，提升企业对价值链的掌控能力。

以上五个方面指明了我国工业转型升级的目标。尽管它们是政府部门站在国家产业结构调整和发展的角度提出来的，但对企业层面转型升级的方向同样具有重要的指导作用。企业作为微观的产业表现，是产业特征的具体反映。经济学家吴敬琏在分析广东企业的经济转型升级时也指出，广东要朝着“微笑曲线”的两端转型，即向着设计研发和品牌营销的方向过渡，大力发展现代制造业和现代服务业[18]。

基于此，结合前文对转型升级内涵的梳理，我们可以得出企业转型升级的一些主要目标：

(1) 追求附加价值提升。探索成本要素所创造的使用价值之外的价值形式，如商品的品牌价值等。

(2) 实现数字智能技术的整合应用。探索信息技术与生产、营销等过程结合的可能性，如数字化生产、智能制造等技术要素在企业中的应用。

(3) 增强绿色环保性。探索绿色生产的模式，实现低污染、低消耗、可循环、可持续的清洁式发展方式。

(4) 产业链层次的提升。企业经营的重心从生产制造环节向研发和营销方向逐步过渡，摆脱依靠“资源禀赋”发展的模式，从产业链的低层次向高层次转变，提高对产业链的控制能力。

(5) 产品属性的提升。即实现产品性质的升级，从物质型的产品转移到非物质型的服务上，从关注于具体功能到提供系统解决方案的转变。

(6) 优化要素投入配置。提高企业生产经营中各种要素的效率，正确统筹配置各要素的投入比例，增加对企业绩效提升具有明显正向作用的要素投入份额。

总之，转型升级是企业在周围环境压力下，做出的自我调整过程，其最终的目标就是在激烈的市场竞争中不断取得竞争优势，摆脱发展困境，实现企业长久的、可持续性的良性化发展。

3) 企业转型升级的途径

在企业转型途径方面，Porter 指出影响公司竞争优势的要素主要有两类：一种是企业经营活动的支持性要素，如技术、原材料供给、资本、人力等；另一种是企业的基本活动，如生产、运输、销售等，二者在企业价值创造过程中共同构成一条价值链，并且价值链的各个要素既可以存在于公司内部，也可以存在于公司与其他经济体之间，由此形成了公司的价值链体系，他认为公司的竞争优势就是要在价值体系中占据主导地位[8]。Gereffi(1999)在其GVC理论基础上展开了深入研究，他分析了企业从OEA和OEM模式向着ODM以及OBM方向逐步升级的轨迹，对国内外关于企业转型升级的研究产生了重要的影响[11]。其中OEA(委托组装)和OEM(委托加工)位于价值链的底层，ODM(原创设计加工)和OBM(原创品牌生产)位于价值链的高层，并且ODM和OBM都强调企业原创能力的提升。另外，Amsden(1989)通过分析韩国企业转型升级的经验，提出了通过学习借鉴的方式，逐步缩小与国际品牌商之间差距的途径，他认为OEM和OEA企业可以通过学习先进的生产技术和管理模式，逐步实现企业的转型升级[19]，其实这种技术学习行为在本质上是技术创新的表现。此外，Dollar(1993)也在研究中认为技术的革新对于推动发展中国家企业竞争优势的提高具有重要的意义。

在我国，经济学家金碚指出企业转型升级，一方面要建立健全政府的引导和保障措施，为企业转型升级营造良好的外部环境，另一方面要强化企业的自主创新能力，搭建企业创新的网络体系，加强企业与科研院所合作。此外，他还指出要积极发展循环型经济，实现企业的绿色升级[20]。另外，谭晶荣教授在研究长江三角洲地区企业转型升级时提出两种策略：首先是增加技术研发投入，突出品牌优势以增强企业在市场中的势力，着重开展技术创新或者工艺设计；其次，逐步淘汰低附加价值的制造加工企业，通过产业间合作使该类企业有效地退出市场，并且他还通过实证研究的方式，提出了企业从OEM到ODM、ODM到OBM转型升级的路径[21]。同样，瞿宛文等人也认为，技术能力的提升在代工企业从OEM到ODM再到OBM的转变中发挥着正向作用[22]。

基于以上分析，企业转型升级的路径形式大致如图2.4所示。企业在原始的OEM或者OEA状态下，通过自主创新等手段，不断调整自己内部组织结构、营销管理模式等，甚至做出行业转型的决策，以达到适应外界环境变化、获取更有利竞争优势、实现企业可持续性发展的目标。在此过程中，企业在价值链上的层级也随之发生改变。

由上文梳理可知，上述文献在研究企业转型升级途径时都提到了企业自主创新能力的重要性，并且技术创新是很多学者研究的主要对象，同时也有学者提出营造企业创新网络平台的重要性。由此可见，创新是企业转型升级的有效途径，另外政府积极的政策引导也会对企业转型升级发挥重要的促进作用。

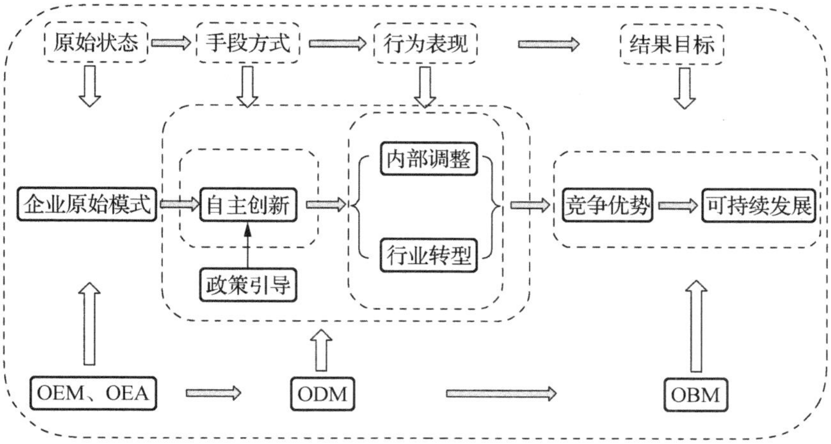

图 2.4 企业转型升级的路径形式

2.1.2 企业创新理论的发展

设计创新从创新理论中演变出来的，它属于企业创新行为的一种重要形式。创新的概念，最早由经济学家 Schumpeter 提出，他在 1912 年出版的《经济发展理论》中第一次阐述了创新理论，他认为发展是一种动态变革的过程，是由一次次的不间断创新活动来完成的，由此他将创新作为经济发展的重要内在因素[23]。他把创新解释为：创新表现为企业组建的一种新的生产形态，换句话说，就是将生产投入要素与生产设备方式等进行新的匹配[24]，这种持续性的“新组合”就是经济发展的重要形式。从他的阐述中可见，变革是经济发展的手段，变革的对象主要集中在生产要素和生产条件上，创新就是实现二者的新组合，他还借助了生物学的术语，将企业持续性的变革称为突变。企业的生存同生物进化一样，只有具备持续性正向突变的经济体，才能在激烈的竞争中生存下来，而保守不变的企业则会逐渐被淘汰。

后来，很多学者在熊彼特创新理论基础上，将研究重心逐步转移到创新驱动力领域。早期学者主要集中于技术创新领域，认为技术发展能够使得工具不断升级，并由此推动企业向前发展。因此，他们提出技术进步是企业创新的重要驱动力，并建立了技术推动式创新理论[25]。如美国“曼哈顿工程”指挥者 Vannevar Bush 就尤其强调技术创新的重要性，他提倡大力推进基础研究以促进技术的发展，充分发挥技术的强大动力[26]。后来，学者 Chmookler 通过对市场因素的研究，于 1966 年首次提出市场变动对企业创新的速度和方向具有重要的引导作用，成为市场需求影响企业创新的重要理论基础[27]。同样，Romer 对市场需求影响技术创新的过程也进行了研究，认为二者之间存在着一定的因果关系，Mowery 等人更是认为技术和市场两种因素的协调平衡是影响技术创新的重要因素[28]。直到 1982 年，学者 Dosi 正式从创新驱动力的角度提出了技术驱动式创新和市场拉动式创新两种类型，他认为技术对企业发展的作用模式是从企业端的助推，而市场需求的变化则引导着企业创新发展的方向，属于市场端的拉引，因此二者发挥作用的模式不同[29]。由此，创新的二维驱动力理论得以形成，学者陈圻将其称为传统的"经典创新驱动力理论"，之所以称为"传统"，是与 21 世纪初出现的设计创新驱动力理论相区别的[25]。

后来，如前文所述，意大利学者 Robert Verganti 在前人对企业创新理论研究的基础上，又对创新驱动理论进一步补充，正式提出设计驱动式创新概念，并且认为不同于技术创新对企业发展的推动作用和市场需求对企业创新的拉动作用，设计驱动式创新主要表现为对二者的整合，即通过对技术成果的物化，以新的产品形式来满足市场的需要（如图 2.5 所示）。

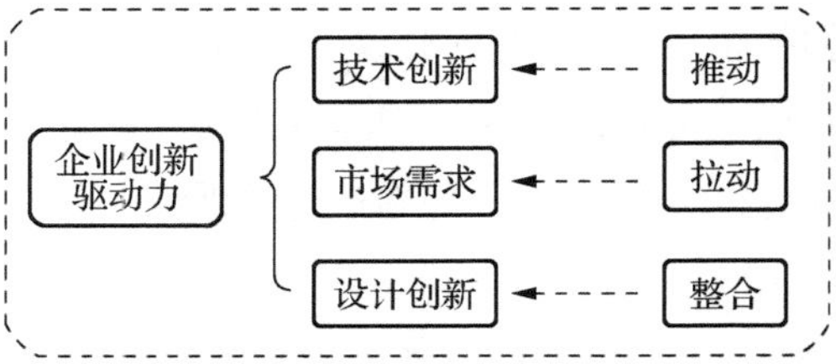

图 2.5 企业的三维创新驱动模式

同样，Claudio Dell'Era 也提出了一致性的观点，他通过实证研究，将产品语义的创新与企业战略联系在一起，认为具有良好的产品语义开发和设计能力的企业能够更快、更准确地预测社会文化发展的方向，从而使企业产品成为时尚的引领者[30]。另外，Verganti 还区分了设计创新、技术创新以及市场拉动式创新三者之间的区别，他认为设计创新始于抽象的社会文化元素，终结于对社会文化语义和符号的根本性塑造，市场拉动式创新则始于用户需求的分析，并且寻求能够满足用户需求的技术和语言形式，而技术创新则更偏重于功能的实现。由此，创新的三维驱动模式开始成为学术界对创新理论研究的重要内容[31]。

2.1.3 设计驱动与其他创新驱动力之间的关系

在设计驱动创新的概念提出之后，企业创新的驱动力从技术和市场两种因素扩大到技术、市场和设计三种因素，它们之间既相互区别，又有着密切的关联。

Dosi 提出的市场拉动型和技术推动型是从前后动力对立的角度出发的，市场充当创新导向的作用，技术多源于企业 R&D 能力，而设计驱动创新概念的出现则更多地强调对二者的整合能力。Verganti 在对设计驱动式创新进行解释时，强调其对产品信息的传达，及塑造形态语言的新颖度超过了对功能与技术塑造的新颖度，由此可见设计驱动式的创新活动相比于市场和技术作用的创新活动，其关注点更集中于表达“信息”和创造“语言”。陈劲教授提出设计驱动式创新是对技术和用户体验的整合和集成，说明了设计与其他两种因素是一种整合关系，它依靠技术因素创造满足用户体验需求的“语言符号”[32]。陈雪颂认为，设计驱动创新依靠对产品语言意义的塑造来吸引消费者对产品的购买行为，也交代了设计的内涵以及设计与市场需求之间的关系[33]。Christense 也认为，对现有市场的突破性创新是一种典型的设计驱动型创新，新产品的符号语言能够诱发新市场群体的出现[34]，这一观点也阐述了设计激发市场需求的作用。

另外，Verganti 还对三种创新驱动形式做出进一步的对比研究，如图 2.6 所示。对于设计驱动式创新形式，产品对符号语言和意义的塑造在创新过程中起着主导作用，并且它带动着技术的创新和市场需求的变化，根据设计的需要寻求特定的技术成果来满足目标对象的需要(即市场需求)，因此它是对技术和市场因素的整合。它可以采用现有的技术形式，也可以由设计方案激发新的技术研发活动，并且在市场需求方面，它可以迎合或者满足现有的消费需求，也可以激发或引导新的市场趋势和潮流。对于技术推动的创新，技术变革在创新活动中占据主导地位，新技术的应用需要以产品形态作为载体来满足市场需求的变化，因此设计是技术成果转化的工具。对于市场拉动型的创新，则是企业在市场需求变化的压力下，不得不采用新的技术形式或者推出具有新颖语义符号的产品来满足消费者新的需求，否则就会被市场所淘汰，因此在创新的过程中市场是占据主导地位的。

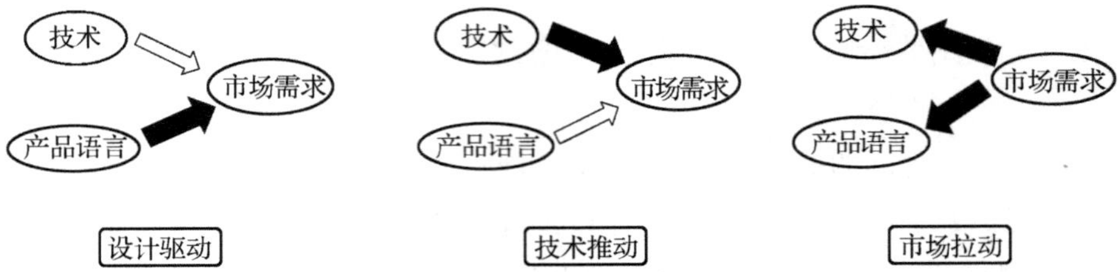

图 2.6 三种企业创新驱动形式[35]

在创新程度上，Verganti 还对创新类型进行了区分，提出了渐进式创新和突破性创新(或称破坏性创新)两种类型，并且认为渐进式创新是一种改良式的创新活动，新旧产品之间的差异较小，而突破性创新是一种跳跃式的创新，新旧产品之间的差异度较大。他还提出产品在功能方面的突破性创新多由技术推动来实现的，产品在语义上的突破性创新则多是由设计所驱动的，而市场拉动型的创新则多表现为功能和语义层面的渐进性创新[33]。

2.1.4 设计创新的特点

1) 设计创新是一种整合活动

正如 Verganti 所提出的观点，设计创新是对产品语言的塑造和语义的传递，因此设计活动是对信息的整合过程。陈雪颂认为，这种语义不仅仅包含了传统意义上的形态与功能的融合，更重要的是还包含了对消费者情感和社会文化风俗的整合[33]。换言之，随着社会物质的极大丰富，消费者对产品的要求不仅仅局限在产品功能的实现上，而且更注重极易被同质化的功能之外的身份、风格、潮流等象征意义和情感元素的表现。因此从这个层面上说，设计活动需要对社会流行趋势、消费者精神审美和价值追求进行研究，捕捉最具代表性的元素符号，将其进行编码并转化到新产品之中，这是对社会文化和消费者审美追求的整合。同样，在设计领域内，设计是技术和艺术的融合，也体现了设计活动充当了技术和艺术连接桥梁的作用，它将技术成果以艺术美的形式呈现出来，使功能与形态完美融合，因此设计也是对技术和艺术、功能和形态的整合。Cross(1999)更是提出了大设计的概念，他认为设计活动覆盖了人文、社会、艺术、工业等各个方面，是对多领域知识的驾驭[36]。

2）设计创新的产出是一种直观的形象

设计活动最终是对新事物的塑造，它将功能物化，以二维、三维的形态呈现给用户，带给用户以视觉、触觉甚至听觉、嗅觉和味觉等感受。尽管功能、情感和社会文化语义是抽象的，但它们的承载体必须是具象的，设计活动就是将这些抽象的意义转化为具象符号的过程。从符号学的角度看，产品语义就是研究如何表现人造物在使用场景中的象征性，并且产品本身就是一种存在符号[37]。产品向用户传递两个层面的语义：一种是外延性意义，即产品本身的功能属性、操作方式等，属于理性层面的意义，也是产品最基本的语义内容，并且它不以消费者教育程度、经历、情感因素而变化；另一种是内涵意义，即产品在特定使用环境和社会环境中所体现出来的心理、文化、情绪、审美追求等方面的语义，它受特定文化背景、消费者个体差异的影响[38]。这两个层面的语义，最后都经过设计过程，转化为了物体存在的基本要素：点、线、面、材质、色彩、肌理、表面装饰及其构成形式等等，最后都以直观的形象符号表现出来，这些形象也变成了语义传播的载体，即产品的具体形态。最后，在产品被用户购买之后，通过用户自身的解码过程，产品中所包含的语义信息得以传递，如图 2.7 所示。

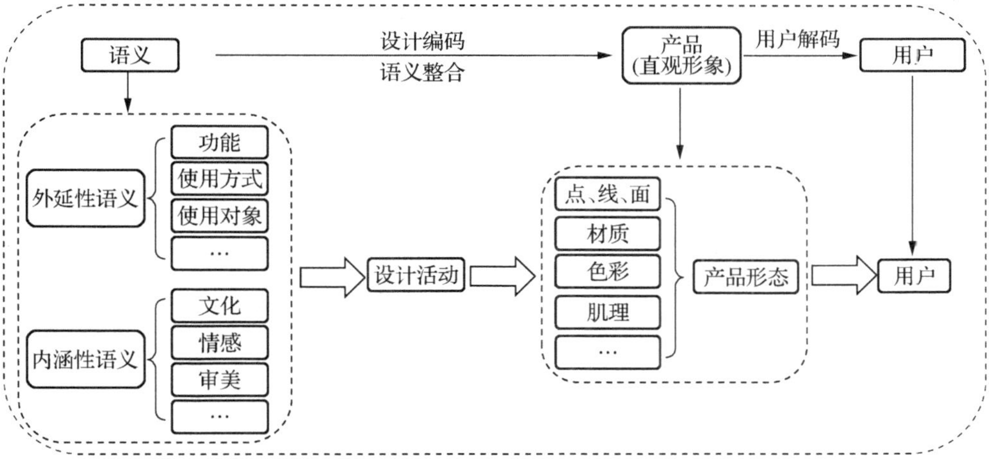

图 2.7 产品语义的传递过程

3）设计创新影响到企业的多个方面

从学科性质看，设计学属于跨学科的综合性专业，涉及心理学、管理学、社会学、市场营销、工程技术等多个门类。同样在设计实践中，它也是需要企业多个部门间的相互协作。

首先，在设计项目开展的初期，它需要市场等部门的参与，设计需要现有市场销售状况的反馈、用户消费行为特点等资料作为支撑。

其次，在设计开展的过程中需要与工艺部门、结构部门、财务部门、设备部门等多个部门之间共同评价设计方案的可行性，不仅需要它们各自提出自己观点，而且新的设计方案也可能给他们现有工作内容或者模式带来新的变化。

最后，在设计项目的评价和投产阶段，还需要市场部门、财务部门等联合起来共同搜集新产品市场销售状况、盈利状况等信息，以对新产品做出全面客观的评价，为设计部门提供产品改良的资料。

另外，设计工作的正常运转，还与企业的组织结构形式密切相关，如设计部门在企业内的组织结构层级，与其他部门之间的关系、工作衔接流程等等。由此可见，设计活动牵动着企业的方方面面，它将企业的各个部门联系在一张网络之上，设计创新带动着企业的整体创新。

2.1.5 设计创新驱动经济发展的表现

1）设计在众多行业内体现出对企业竞争力提升的巨大作用

近些年来，智能产品、通信产品等产业成为社会发展中最引人注目的行业。国外企业中，苹果、谷歌、微软等品牌已经被大众所熟知，国内企业中也有小米、华为等一批耀眼的品牌正以飞快的速度成长。在这些企业的发展过程中都体现出一个共同的特点，即企业对设计创新的重视。如苹果公司，其产品的性能和配置与许多同类产品相比并没有太多的优势，而其易用性的设计、追求极致的产品细节和工艺处理等吸引了大批的“粉丝”。同样的功能，苹果系统的操作步骤更为简洁明了，所需要的操作步骤也更少（如图 2.8 所示），强大的设计能力给苹果公司带来了巨大的销售利润。小米公司在发展中，也从手机行业逐步扩展到智能家居用品领域，如小米电视、小米加湿器、小米盒子甚至小米家具等。在产品类别延伸的过程中，小米公司一直推崇设计所产生的巨大价值，甚至他们还邀请了国际著名设计大师Phillip Stark为其从事设计服务。在搜索引擎行业，谷歌就是凭借自身简约的设计风格吸引了比雅虎浏览器更多的用户人群。对于这些技术密集型的企业，设计创新在企业的快速发展中扮演了关键性的角色，在这些企业的产品宣传中，“设计”一词已经变成了出现频率最高的词汇。

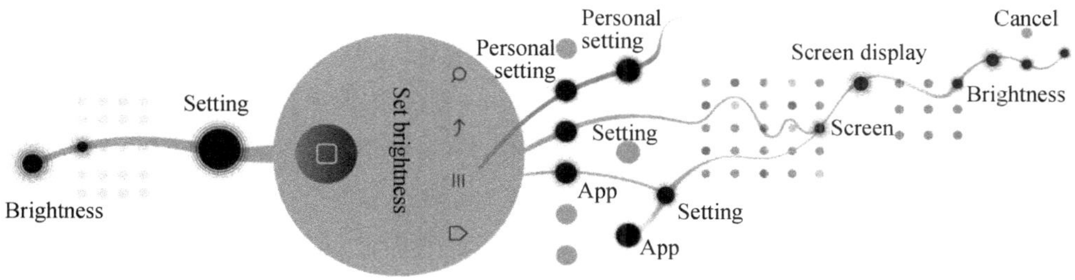

图 2.8 IOS 系统与 Android 系统功能操作对比[39]

同样，在技术密集度较低的行业，设计更是提升企业竞争力的重要工具。这些企业产品对技术的敏感度较低，技术的革新很难给产品带来显著的特征差异。相反，以形态、色彩等外观改变为主要产出形式的设计创新，给产品带来的影响则更为直观。意大利家具产品举世闻名，其中原因不仅与其传统精良的制作工艺相关，更与其成熟的设计体制所创造的设计价值密不可分，意大利的家具设计已经成为整个意大利家具业的代言词，设计创造的附加价值构成了家具产品价值的重要组成部分。同样，阿莱西产品的情趣化也已经成为企业品牌形象的标签，受到世界各地人的喜爱。由欧洲9个国家的学者共同对技术密集度较低的企业开展的一项有关企业创新研究的项目(PILOT，Policy and Innovation in Low-tech)指出，低技术密集度的企业虽然很难在技术研发上超越技术型企业，但却可以在以社会、经济、文化知识为主要特点的设计竞争中获取优势地位[40]。

英国设计委员会在2008年总结了阿莱西、乐高玩具、星巴克、索尼、微软、维京航空、惠尔普、施乐、雅虎等多家企业的成功经验，指出这些遍布于各个行业和不同区域的企业，它们的成功经验里有一个共同特点，那就是对设计创新的重视和合理运用[41]，设计创新为这些企业塑造了差异化的品牌形象，极大提升了它们的市场认知度。

由此可见，设计创新对许多行业的发展都具有重要的驱动作用，这些行业不仅涉及技术密集度较高的电子通信产业，还包括技术密集度较低的家具、日用品等行业。国外家具企业发展的历程已经证明了设计创新的重要价值，并且国内许多行业也有较多的成功经验，因此我国家具企业同样也可以尝试依靠设计创新促进企业转型升级的发展。

2）设计创新促进国家宏观经济实力的提升

越来越多的国家和地区意识到工业设计对企业转型升级的助推作用，很多发达国家都把工业设计列为国家经济振兴的重要手段。如美国联邦机构内部就设有“国家设计部”，在美国经济低迷时期这一部门为刺激经济的增长发挥了重要作用[42]。英国前首相撒切尔夫人也曾在政府工作报告中指出，英国可以不要首相，但不能没有设计。据英国设计委员会调查发现，约有 53%的人赞同设计与国家经济的发展是密切相关的，并且希望通过设计创新的形式度过经济的萧条期。该组织的研究还显示，企业每支出 100 英镑的设计投入，将会得到 225 英镑的收益，并且合理应用设计创新的企业比不重视设计的英国企业绩效多出了 100%～200%。另外，他们还发现国家或地区设计能力与国际竞争力之间呈现出显著的正向关系[43]，如图 2.9 所示。

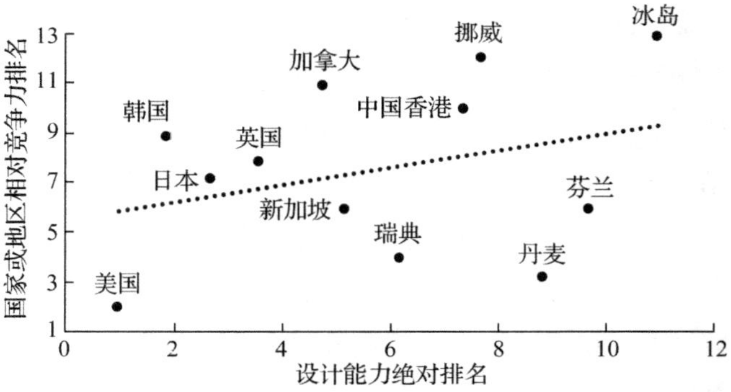

图 2.9 国家或地区设计能力与国际竞争力关系[44]

另外，意大利政府在 2000 年左右召集国内十几所高校和研究机构共同开展了一项名为“Italian design system(意大利设计系统)”的研究项目，该项目梳理了设计创新在该国的发展状况、设计与产业的对接状况等，目的在于更好地利用设计创新为国家经济服务。在亚洲方面，日本政府则认为设计创新关系到国家发展的命脉，韩国也提出“资源有限、创意无限”的口号，积极地从制造型国家向设计型国家过渡[45]。另外，韩国还制定了国家设计政策，涉及市场、资源规划、环境保护等各个方面，凭借这一政策，韩国设计所带来的产值在 2003 年超过了英国，并且韩国每 1 元的设计产值，可以产生约 4.78 元的 GDP 增长[46]。

此外，在城市设计成熟度与其经济水平之间也存在着一定的对应关系。近些年，中国工程院联合中国机械工程学会，以及国内 20 多位院士和 100 多位专家启动了一项名为“创新设计发展战略研究”的重大研究课题。在他们 2017 年的研究报告中提出，国内城市的竞争力与其设计创新能力之间存在着一定的对应性，对于经济较为发达的北京、上海、广州以及香港等城市，其设计创新的能力也较强，并且他们将上海、香港、深圳、广州、杭州、北京称为创新设计能力驱动型城市，如图 2.10 所示。另外，他们还发现国外的一些城市同样具有这样的特点，巴黎、首尔、东京、纽约等城市属于设计创新战略效应表现较强的城市，而墨西哥、雅加达和伊斯坦布尔等城市的设计创新效应相对要弱一个层级，里约热内卢、孟买等城市则属于设计待发展型[47]。

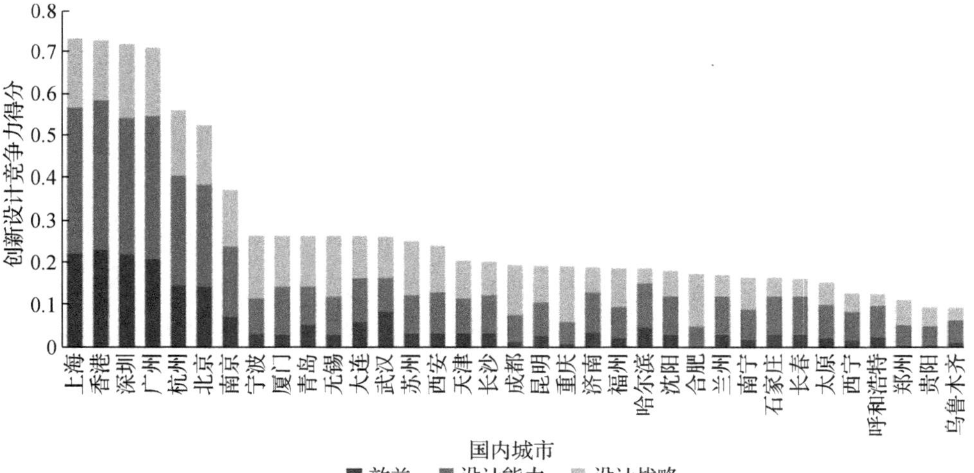

图 2.10 部分国内城市设计创新竞争力分布[47]

综上可知，设计创新能力与国家和城市的经济发展程度之间具有较为明显的关联性，设计创新越成熟，国家和城市的竞争力也就越强。因此，在一定程度上体现了设计创新对国家和城市经济发展所发挥的显著推动作用，而企业作为国家经济的微观个体，也从侧面上说明了设计创新对企业发展的重要性。

2.2 设计对企业产业链转移的驱动

“产业链”一词，多用于描述若干企业群体所构成的一种特定关系，这些企业群由不同生产环节中所产生的产品价值关系连接在一起，并且存在着上下游的层次等级，群体里的各类企业处于不同的等级地位，并且它们在产业链中的地位主要由企业间的价值交换模式所决定。上游企业向下游企业输送产品或者服务，而下游企业向上游企业反馈各种信息。产业链的概念主要是被学术界用来反映不同企业或者产业之间的一种分工特点和空间位置关系[48]。

从内容上看，产业链包括了一种最终产品形态的产生所必需的所有生产环节和过程，即从早期的原材料形态（如木材、矿产等）一直转变到最终产品并被消费者所购买、所使用的所有环节。此过程中可能涉及若干不同行业，而这些不同行业按照一定的生产逻辑关系构成了一个完整的链条，这个链条就是所谓的产业链，同时这些行业也就组成了产业链的内容[49]。产业链的形成主要是由于分工的出现而导致的，并且产业链所涵盖的各个工序可能属于不同行业领域，但也可以是在同一行业甚至企业内完成。

从具体环节内容上来看，产业链包含了研发、原材料生产及采购、零部件制造、产品制造、组装加工、物流运输、市场销售以及售后服务等。其中产品研发包括产品的设计研发、技术研发、结构研发等等，属于生产链的前端；原材料加工、零部件制造、组装等属于中端环节；而物流运输、销售和售后等则属于生产链的后端。宏碁集团创始人施振荣在《再造宏碁》一书中提出了著名的“微笑曲线”理论，它将产业链里的各个环节与该环节所产出的附加值绘制成一条曲线，形似一个微笑，因此取名“微笑曲线”，如图 2.11 所示。从这条曲线中可以看出，在产业链的前端——

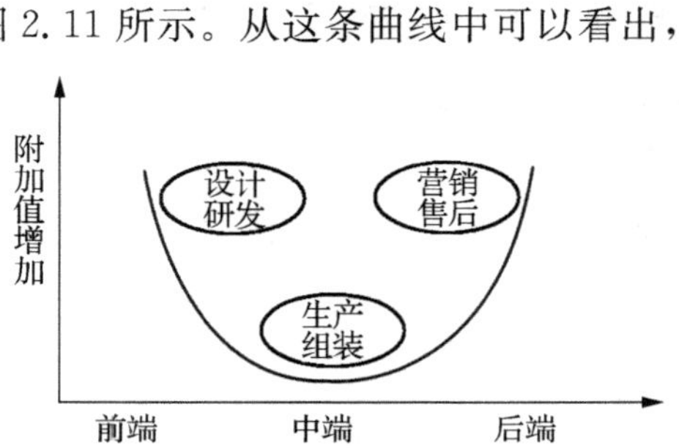

图 2.11 微笑曲线

设计研发环节，以及后端的营销售后环节，产品附加值的产出较多，而在生产组装环节附加值的产出相对较低，甚至在某些行业内，该环节的附加值表现为负值[50]。

需要说明的是，不同于“微笑曲线”，日本学者中村末广还提出了“武藏曲线”，他发现日本部分制造企业在制造环节利润较高，而在产业链两侧利润较低。从本质上来讲，“武藏曲线”与“微笑曲线”并不矛盾，前者强调企业应在制造环节建立差异性竞争优势，后者则强调企业在研发和营销环节建立竞争优势，二者都强调企业差异性竞争优势的塑造，只是强调优势建立的产业链位置有所差异，因此“武藏曲线”并不是否定“微笑曲线”，二者都有积极的意义[51-52]。本书主要探讨企业设计研发的问题，其处于研发环节，并且从目前状况来看，我国家具企业在生产制造环节尚未形成较强的垄断性生产制造优势，因此本书采用“微笑曲线”理论作为研究的依据。

根据前文对企业转型升级理论的梳理可知，企业产业链位置的变化是企业转型升级的重要内容，而产业链的转型升级又包含两个方面：一个方面是企业在产业链中所处的地位从边缘环节向核心环节过渡；另一个方面是增强企业对整个产业链的掌控能力。前者需要企业所进行的主要生产活动或业务内容发生变化，而后者要求企业增强自身在整个产业链中的影响能力。在两者变化的过程中，设计都发挥了重要的作用。

1）设计创新促进企业产业链向核心环节转移

产业链从边缘环节向核心环节转移，即从原材料加工处理、零部件制造和组装向着设计研发、物流销售等环节转化，或者说从微笑曲线的中端向着前端和后端转移[51]。从产业链的内容看，设计创新属于产品研发的重要部分，位于附加值产出较高的前端环节，因此也是企业转型升级的重要方向。企业对设计创新的重视，将推动企业在产业链前端的活动，有助于提高企业的设计研发能力。企业的设计创新活动越频繁，对产品的最终形态和功能的影响程度就越大，而最终产品的功能形态是影响产品价格的最直接因素，所以也反映了设计创新对企业向生产链的核心环节过渡的驱动作用。相反，制造和生产环节则主要是依照设计研发的产出形式进行工作，处于被支配的地位，因此其属于产业链的边缘环节。另外，根据早期工业设计的定义，产品的包装、宣传、店面装潢以及商品展示等产品营销性质的内容也属于工业设计活动的重要方面，由此可见设计活动还可以引导企业向着产业链的后端移动，并且根据“微笑曲线”的理论，后端的营销环节也属于产业链的核心环节。因此,设计对于企业向着产业链的前端、后端转移都表现出重要的推动作用,如图 2.12 所示。

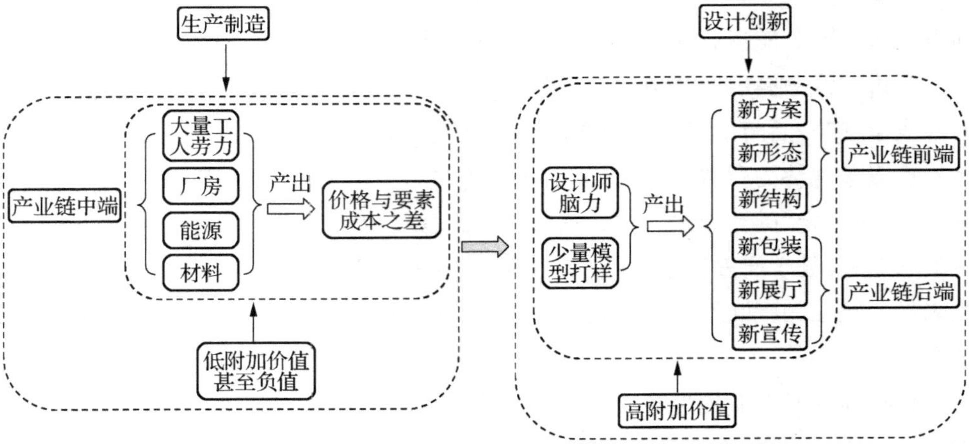

图 2.12 设计创新促进企业产业链向核心环节转移

我国家具企业属于典型的制造型企业,多数企业依靠生产和制造活动来获取利益,而在设计创新方面的能力则较差。另外,部分家具企业仍然在走代加工的模式,或者依靠模仿、抄袭来生产,这种方式忽略了设计创新的作用。大量企业集中于"微笑曲线"中附加值产出较低的制造环节,一方面它导致了这一环节中的竞争过于激烈,使得本来就低的利润产出进一步压缩,另一方面它也阻碍了企业设计创新能力的提升。我国家具企业转型升级,就要逐步重视设计创新给企业带来的价值,从长久以来的以生产加工环节为主的经营活动,逐步向以生产链的核心环节(如设计研发)为主的经营活动转移。

2)设计创新促进企业对产业链掌控能力的提升

企业对整个产业链的掌控能力,并不一定表示企业要拥有整个产业链的所有生产环节,而是指该企业应掌握该产业链中的核心环节,即具有决定产品最终形态、功能、工艺等某些属性的能力,如企业拥有产品所需的核心技术、核心零部件、营销渠道或者设计所有权等,同时它也可将非核心零部件生产、加工组装等环节外包给其他厂商,但在外包的同时,公司必须对外包产品质量进行严格的控制。企业对产业链的掌控力越强,企业对产品最终形式的决定作用就越强,并在价值分配中占据主导地位,同时它在整个市场环境中被取代的可能性也就越小[51]。

设计创新是新产品产生的过程，它将企业的各种要素整合在一起，通过设计研发活动确定产品的功能、形态、结构、材料和色彩搭配等等，甚至对价格的定位也有重要影响。产品属性的确定，决定了产业链中端——生产制造环节的工作内容，并且也影响着产品的营销过程。在营销过程中，那些吸引消费者的产品创新点也是由设计活动所确定的。因此，在整个生产链流程中，前端设计环节产出的结果决定了后续阶段的工作内容，体现了设计对整个产业链的掌控能力。企业可以通过设计创新获得产品的设计所有权，因此也就降低了企业被竞争对手取代的风险。相反，如果企业不具有设计创新能力，只处于加工环节的话，则极容易被同行代替，甚至被行业所淘汰。

"设计"一词在我国家具行业已经十分普及，但是真正能够持久畅销的原创家具设计产品却很难发现。多数企业都处于并不具有设计所有权的制造环节，有的仍以 OEM 形式向海外输出家具产品，尽管企业依靠数量优势获取了利润，但也存在着被取代、订单随时减少甚至消失的可能性。换句话说，企业在产业链中一直处于被支配的地位，其生存的持久性存在着很大威胁(如图 2.13 所示)。有些企业以模仿的形式生存，这种模式只能将市场局限在很小的区域，并且时刻面临着被起诉的风险，更无法长久。因此，对于技术密集度较低、行业门槛不高的家具行业，产品的设计所有权在产业链中就显得尤为重要。积极探索设计创新的模式，提高我国家具企业的原创设计能力，对于增强企业对整个产业链的掌控能力，实现转型升级具有重要的意义。

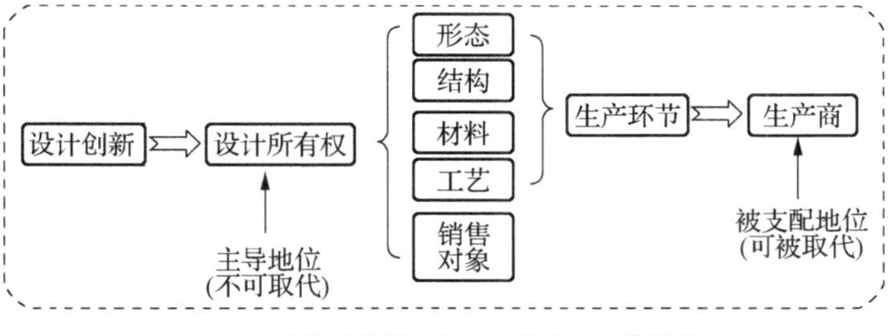

图 2.13 设计创新提升企业对产业链的掌控能力

2.3 设计对企业价值链提升的驱动

价值链的概念最早由哈佛大学教授Porter提出，他认为，企业创造价值的过程可以被分解为一系列互不相同但又相互关联的经济活动，这些活动也就是价值的"增值活动"，它们连接在一起即构成了企业的"价值链"形态[8]。价值链区别于产业链，但二者又有很紧密的联系。价值链主要是用来分析商品价值生成的环节和机制，以使企业高效率地创造价值并且使之最大化为主要目标，而产业链则以最终产品形态的产生所需的所有企业经营活动为主要研究内容。价值链依附于产业链而存在，因此也有学者从产业链的角度定义价值链，认为价值链就是产业链上的各个活动所创造的价值产出之间，存在着线性的前后关系，这种关系也就构成了价值链的形式，另外价值链的内容还包含了价值利润的分配过程等[52]。

从价值链的内容看，按照Porter的观点，企业价值链的增值活动可以分为两个部分：基本增值活动和辅助性增值活动。基本增值活动，通常指企业的生产经营性活动，如原材料——成品开发——生产制造——成品储运——销售和售后等，这一链条与产业链的内容相近，主要为产业经营的各个环节对价值的产出过程；辅助性增值活动则主要指组织架构、人事、管理、研发创新等活动，其中研发创新包含的范围较广，如生产技术创新、战略规划创新、信息平台搭建等各类内容。

Gereffi通过对东亚地区服装行业的研究，指出企业升级需要企业掌握能使附加价值产出更多的资本和核心技能[53]，也对应着Porter价值链的辅助性增值环节。我国学者李建军对其进一步研究，指出企业升级可以沿着价值链的两个方向攀升：一是注重设计研发，致力于企业创新（如技术创新等），探索从"OEM——ODM——DMS(Design Manufacturing Service)"转型升级的可能性，即以加工贸易为主的企业通过资源的积累和能力的更新逐步提升自己的研发能力，增加设计创新对产品价值提升的作用；二是注重品牌塑造和推广，依靠各种渠道提升市场对企业品牌的认可度，走"OEA——OEM——ODM——OBM"的转型升级路径，这两种方式都有助于发展企业的竞争优势[52]。

设计活动对于企业在以上两种路径的发展都具有重要的驱动作用。在OEM向ODM转移的过程中，ODM即企业的原创设计制造能力，这里的原创设计制造不仅仅包括单纯的工艺和结构设计，还包括工业设计创新的内容。在企业创新活动中，工业设计创新将产品从“形态设计”向前扩展到“产品原理研究”“功能结构实现”，向后延伸到产品的“商品化”以及“回收利用”等环节[54]，这些也属于 ODM 中的“D”所包含的重要内容。另外，基于上文对设计创新特点的分析可知，现今设计的发展越来越由具象的形态功能产品设计，向着以服务为主的抽象的、非物质形态的设计方向转移，而“DMS”强调的正是企业对设计服务能力的培养，因此设计创新在推动企业依据“OEM—ODM—DMS”的路径发展中具有重要的意义。对于“OEM—ODM—OBM”的价值链升级路径，设计同样发挥着驱动作用，设计对于品牌价值的提升已经在许多企业发展中得到了验证。如前文提到的苹果公司，统一的苹果手机风格形成了统一的企业视觉形象，优越的易用性设计为用户带来了愉悦的操作体验和使用过程，这些都是苹果品牌理念的体现。Alessi 的产品多属于技术密集度较低的生活用品，其情趣化的品牌形象不仅提升了用户对产品的认知度，更极大地提高了产品的附加价值，而这种情趣化正是由设计创新所塑造的。此外，企业视觉形象设计对企业品牌形象推广的作用则更为直观，它直接将企业价值观念转化为具象的图形、色彩、文字等等。

设计创新对企业价值链提升的驱动作用如图 2.14 所示。

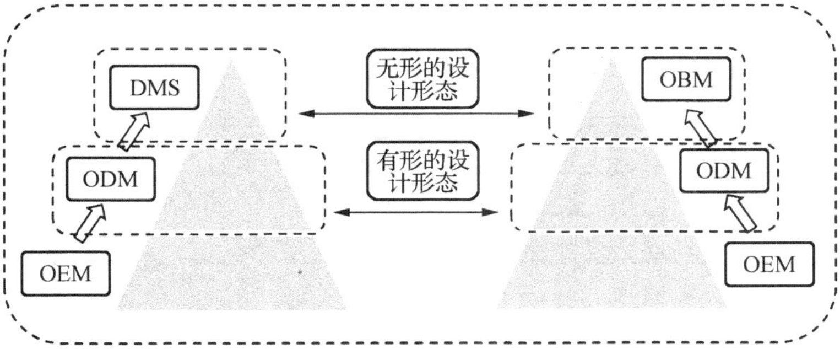

图 2.14 设计创新促进企业价值链的提升

目前，我国家具企业正处于设计创新发展时期，甚至很多企业还位于 OEM 代工阶段，企业设计创新活动还以有形形态的塑造为主。在这个时期，家具企业更应该注重设计能力的培养，不断完善企业内的设计体制，充分挖掘设计给产品带来的附加价值。同时，企业也应遵守循序渐进的过程，只有在设计能力积淀到一定程度之后，再逐步探索更高的层级。从当前企业设计创新的现状来看，国内有很多家具企业急功近利，一味地追求品牌效果，忽略了产品设计价值的提升。如部分企业高薪聘请明星做代言，这种做法有可能在短时间内会扩大产品品牌的受众人群，但从长久来看,其效果并不能持久。只有不断地提高自身的设计能力,提升企业的设计水平,才有可能使企业在价值链层次上迈向更高的台阶。

2.4　设计对企业创新链形成的驱动

企业创新链,指在企业内部实现科技创新成果或者设计创新成果商业化的一种链条式创新流程,它以企业行为为主体,以顾客需求为导向,是企业内部各个部门和组织协同创新的过程[55]。就创新链的内容看,它包含新的设计方案产生、新的技术成果应用、新的材料使用、新的生产方法、新的生产工艺和生产流程改进以及新的营销和售后策略的创新等。它源于知识创新,并可能以类似"多米诺骨牌"的形式,由其中一种创新诱发产业链上的其他环节相继做出创新性反馈。当然,也有企业创新链中的某一个环节单独出现创新行为,而对其他环节的影响较小甚至没有影响的现象发生,如福特流水线生产方式的创新,对于产品的属性并没有带来显著的影响[51]。完整的企业创新链结构形式如图 2.15 所示。

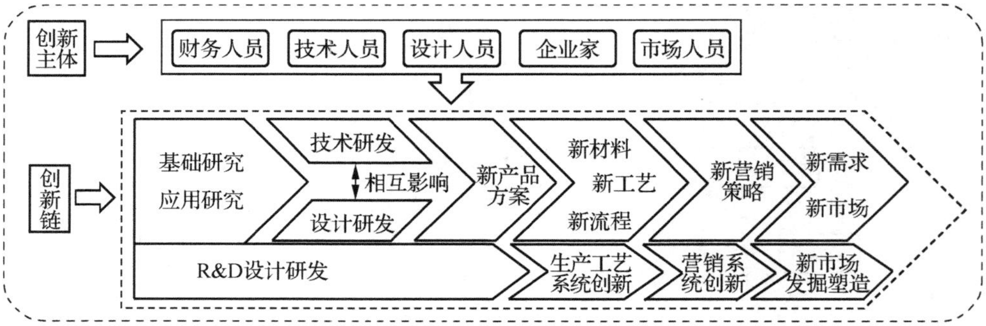

图 2.15　企业创新链结构[55]

从企业创新链的结构形式来看,设计环节属于创新链的前端,并且与企业技术创新一起推动整个创新链向后延伸。对于技术创新和设计创新,二者又相互影响,当新的设计创意产生后,如果现有技术无法满足该方案的技术要求,企业就会有意识地专注于该领域去开展技术研发,从而诱发了新的技术创新活动,实现设计对技术研发的带动作用。在技术创新和设计创新的共同作用下,新的产品方案诞生,新的方案可能又影响着产品材料、加工工艺的变化,如绿色设计,可能使产品的材料从原有的非环保材料变为新型环保材料,又或者对产品的体积、包装、废弃品回收等带来影响。另外，还有些产品追求材料本身的天然肌理美感，使得加工工艺要尽可能地将自然纹理逼真地表现出来，这些都可能对生产工艺和加工流程提出新的要求，诱发新的生产工艺创新。同样，新的产品也会影响营销策略的创新，并且在市场上对消费者需求带来重要影响。以迎合和满足消费者现有需求为主要特点的新产品，可以帮助企业稳固现有的消费者群，而以引导消费者新的消费趋势为主要特点的产品，则可以塑造新的产品风格，引领新的时尚，从而带来市场的创新。

现阶段，我国家具企业整体的创新能力还不够强大，虽然很多企业意识到了设计创新的重要性，但设计在大多数企业内的地位仍然较低，设计在企业经营决策过程中所发挥的作用还较小。当新的设计方案与企业现有的生产工艺和流程以及财务状况等环节发生冲突时，企业更倾向于去修改设计方案，而不是在设计的带动下积极探索其他环节创新的途径，因而导致了设计对企业整个创新链的带动能力得不到充分发挥。基于此，我国家具企业要激发设计创新的潜力，依靠设计创新诱发整个流程的连锁创新效应，首先就要提高设计创新在企业内部的地位，促进设计更多地参与到企业决策，同时还应该充分尊重设计的完整性，让企业其他环节尽可能地配合设计方案的实现，当它们之间发生冲突时，积极思考其他环节创新升级的可行性，而不是一味地修改设计方案，使设计变成了附属环节。

2.5 设计对企业生产要素组合升级的影响

在生产经营活动中，企业投入的要素可以分为两种类型：一种是有形的生产要素，如资源、材料、土地等；另一种属于无形的生产要素，如技术、管理、知识等。生产要素的组合升级，指的就是企业在经营活动中提高无形生产要素在总要素投入中的份额，而降低有形要素投入的比重[56]。生产要素的升级与产业链的转移升级也是相辅相成的，在加工制造环节企业投入的主要是有形生产要素，而在研发和营销环节企业则是以知识、技术、设计以及管理等无形要素的投入为主。设计创新属于无形要素的投入类别，对资源环境的影响较小，对人力的需求较少，而对人的智慧、智力、创意以及知识的依赖度较高，并对附加价值的提升则较为明显，因此它也是企业生产要素组合升级的重要内容，如图 2.16 所示。设计创新活动的开展，对于企业生产要素的组合升级具有重要的提升作用。

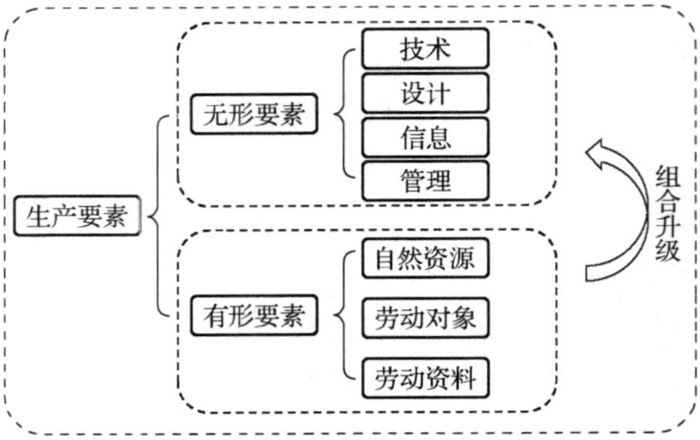

图 2.16　设计创新促进企业生产要素的组合升级

我国家具产业在发展初期，主要是依靠我国有形生产要素的低价格投入作为竞争优势，逐步走上以加工制造为主要特点的经营模式的，而企业对技术、设计、管理等无形要素的投入比例较低，因此生产要素的升级对我国家具企业发展具有较大的潜力空间。另外，家具企业属于技术依赖度较低的行业，因而在企业生产要素的组合升级过程中，无形要素中的设计要素相对于技术要素来说，就显得意义更为重要。

2.6　设计创新对企业转型升级行为活动的影响

由本章对设计创新特点的梳理可知，设计活动将企业的各个部门串联在一起，设计开展的整个流程需要不同组织层级、职能部门的配合渗入，由此也引申出了设计管理的概念。所谓设计管理，主要是研究如何在企业的各个层面统筹设计资源、协调设计活动，制定合理的设计策略并寻求最合适的解决方法，以创造出有效的产品并实现企业目标[57]。设计管理是对设计活动的计划、组织、协调与控制过程，它主要用于描述以设计作为一项商业资源以及企业对该资源的利用过程[58]。从另一个角度讲，设计管理是设计部门与企业内其他组织和职能部门联系的载体，企业在设计创新过程中，通过设计管理这张大网将企业各个部门编织在一起。

设计管理主要研究两个方面的内容：一个是设计项目的执行层面，集中于对设计项目流程的管理；另一个方面则集中于对设计项目运行的保障支持层面。前者包括的内容如设计任务制定、合同、预算、设计团队组建、设计草图评审、生产规划、质量控制以及文档信息的储存等;后者包括设计战略规划、设计组织架构、设计沟通形式、设计政策制定、营销传播等[59]。由设计管理的研究内容可知,设计不仅与产品生产流程中所涉及的各个部门紧密衔接在一起,而且与企业组织机构形式的设置、管理模式的运行、营销策略甚至战略目标的制定等一系列的活动相关。

如图 2.17 所示,设计创新通过设计管理带动了企业组织管理活动、设计项目管理活动以及设计决策管理活动的变化,其中设计组织管理主要指与设计相关的横向部门间的管理,如组织机构设置、设计沟通形式等;设计项目管理指的是与设计项目顺利开展有关的纵向管理,如设计进度控制、设计方案评审、设计质量控制等;设计决策管理则指企业战略的制定,新产品研发趋势的确定等,它是对企业未来发展方向的规划。设计创新所影响的这些企业活动都是为更好地发挥设计效率,实现企业经营目标而展开的。同时,参照前文对企业转型升级理论的阐述可知,企业转型升级的活动除了表现为跨行业转型,还包括自身的一系列自我调整行为。这些行为与设计活动通过设计管理带动的企业层管理行为是高度一致的,而且都是以提高企业经营活动的效率,获取市场竞争优势为目的。

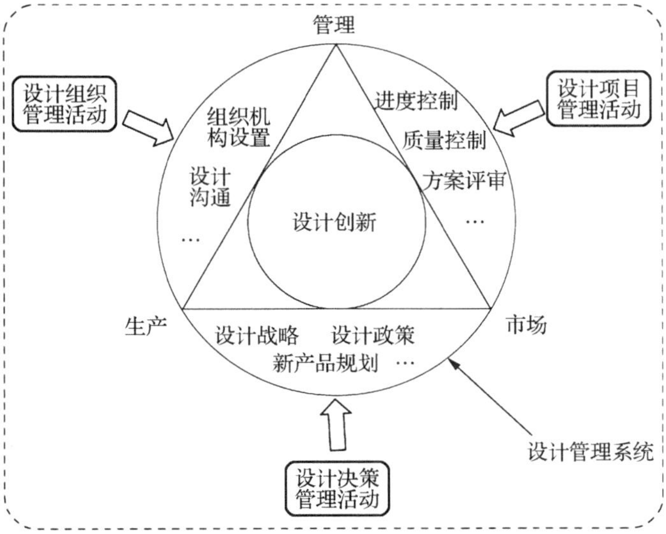

图 2.17 企业设计创新管理系统[59]

企业设计活动的运作需要各个部门间的协作、对项目过程的管理以及对设计团队的构建等,并且影响到了企业组织结构的架构、项目开展进度的控制以及企业战略目标的制定等,而这些活动与企业转型升级理论中的自我调整活动相一致。

由前文分析可知,转型是企业实现升级的手段,即所采用的行为和活动,而升级是企业采用这些活动所要达到的目标,因此设计创新与企业转型升级在企业行为活动及目标上都表现出高度一致性,并且二者的终极目标都是企业竞争优势的实现。

综合本章内容的分析,可以得出设计创新促进企业转型升级的具体机理过程,如图 2.18 所示。

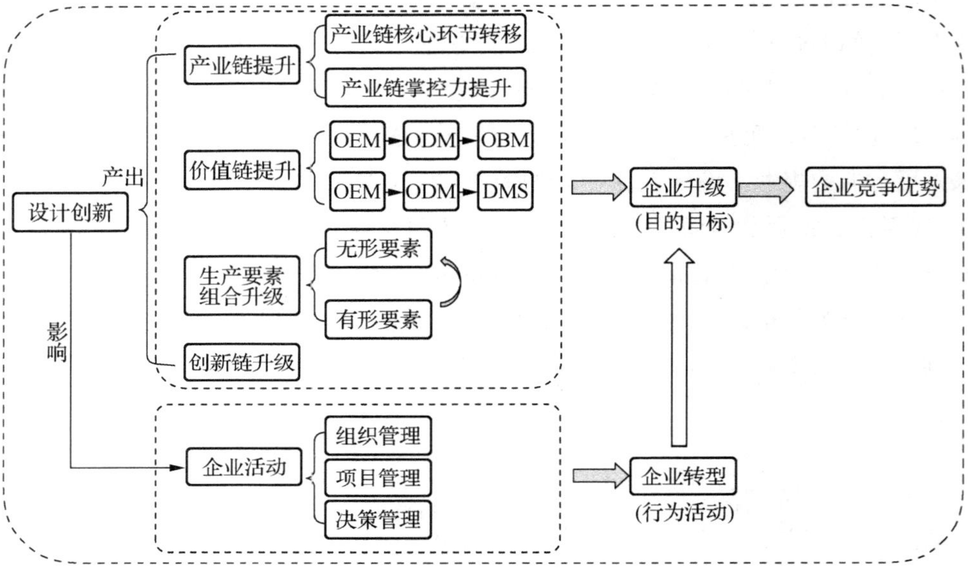

图 2.18 设计创新促进企业转型升级的机理

2.7 本章小结

本章是本书研究开展的理论基础。在已有文献理论基础上,通过对转型升级内涵的分析和对企业设计创新特征的梳理,以转型升级的目标为依据,从设计创新对企业产业链转移、价值链提升、创新链形成三个方面的驱动,对生产要素组合升级、转型升级行为活动两方面的影响角度,搭建了设计创新活动与转型升级之间的关系桥梁,梳理了设计创新促进企业转型升级的机理过程。本章主要结论如下:

(1) 设计创新通过促进企业产业链提升驱动企业转型升级。设计创新位于企业产业链研发环节,能够促进企业从附加值产出较低的生产制造环节向研发和营销等附加值产出较高的核心环节转换。其次，设计创新还可以为企业带来产品的设计所有权，增强企业对产业链的掌控能力。

(2) 设计创新通过促进企业价值链提升驱动企业转型升级。设计创新通过企业原创设计制造活动推动企业向 OEM——ODM——OBM 的路径发展，促进企业价值链的提升，并且也有利于企业产出形式向服务型转变。

(3) 设计创新通过促进生产要素优化驱动企业转型升级。设计创新以知识创意投入为主，从而促进企业生产要素从有形要素的投入向以知识、技术等智力为主的无形要素投入转移，有利于企业要素配置的优化。

(4) 设计创新通过激活企业创新链的形成驱动企业转型升级。设计创新产出的新方案有利于从源头促进企业生产工艺、结构、原材料、营销包装、售后服务等各个方面的创新，从而激活了整条创新链，带动企业创新体系的形成。

参考文献

[1] 周枝田. 企业转型升级策略研究[D]. 广州：暨南大学，2010. 12.

[2] Porter M E. Towards a Dynamic Theory of Strategy[J]. Strategic Management Journal, 1991, 12(S2): 95 - 117.

[3] 王德鲁，张米尔，周敏. 产业转型中转型企业技术能力研究评述——兼论转型企业技术能力再造途径[J]. 管理科学学报，2006(03)：74 - 80.

[4] 王吉发，冯晋，李汉铃. 企业转型的内涵研究[J]. 统计与决策，2006(02)：153 - 157.

[5] Blumenthal B, Haspeslagh P. Toward a Definition of CorporateTransformation[J]. Sloan Management Review, 1994, 35(3): 101 - 106.

[6] 毛蕴诗，张伟涛，魏姝羽. 企业转型升级：中国管理研究的前沿领域[J]. 学术研究，2015(1)：72 - 82.

[7] Shaheen G. T. Approach to transformation[J]. Chief Executive, 1994, (3): 2 - 5.

[8] Porter. The competitive advantage of nations[M]. London: Macmillan press, 1990.

[9] Dieter Ernst. Catching-Up, Crisis and Industrial Upgrading, Evolutionary

Aspects of Technological Learning in Korea's Electronics Industry[J]. Asia Pacific Journal of Management，1998,15(2):247 - 281.

[10] 杜鹏. 中国制造业产业升级研究[D]. 武汉:武汉大学,2012,5.

[11] Gereffi G. International Trade and Industrial Upgrading in the Apparel Commodity Chain[J]. Journal of International Economics，1999,48(1):37 - 70.

[12] Poon T，Shuk-Ching. Beyond the Global Production Networks:A Case of Further Upgrading of Taiwan's Information Technology Industry[J]. International Journal of Technology and Globalisation，2004，m1(1):130 - 144.

[13] Kaplinsky R，Morris M. A Handbook for Value Chain Research[R]. Ottawa:IDRC,2001.

[14] Hunphrey J，Schmitz H. How Does Insertion in Global Value Chains Affect Upgrading Industrial Clusters? [J]. Regional Studies，2002，36(9):1017 - 1027.

[15] Ernst D，Ganiatsos T，Mytleka L. Technological Capabilities and Export Performance: Lessons from East Asia[M]. Cambridge: Cambridge University Press，1998.

[16] 唐晓云. 产业升级研究综述[J]. 科技进步与对策,2012(4):156 - 160.

[17] 吴家曦,李华燊. 浙江省中小企业转型升级调查报告[J]. 管理世界,2009(8):1 - 5.

[18] 吴敬琏. 经济转型如何过难关[J]. 决策探索,2008(08):12 - 14.

[19] Amsden A. Asia's Next Giant: South Korea and Late Industrialization [M]. London: Oxford University Press,1989.

[20] 金碚,吕铁,邓洲. 中国工业结构转型升级:进展、问题与趋势[J]. 中国工业经济,2011(2):5 - 15.

[21] 谭晶荣. 长三角地区产业转型升级特征、路径与实施方略[J]. 企业经济,2012(9):5 - 8.

[22] 瞿宛文. 台湾后起者能借自创品牌升级吗? [J]. 世界经济文汇,2007,(05):41 - 69.

[23] 刘客. 熊彼特创新理论对中国煤炭产业转型的启示——本质、动力和方向

[J]. 技术经济,2013(6):9 - 14.

[24] 约瑟夫·熊彼特. 经济发展理论[M]. 北京:商务印书馆,2011.

[25] 陈圻,陈国栋. 三维驱动的创新驱动力网络:一个元模型[J]. 自然辩证法研究,2012(5):66 - 71.

[26] Vannevar Bush. Science: The Endless Frontier[R]. Washington: United States Government Printing Office,1945.

[27] Chmookler J. Invention and economic growth[M]. Boston, MA: Harvard University Press,1966.

[28] Mowery D, Rosenberg. The influence of market Demand upon Innovation: a Critical Review of Some Recent Empirical Studies[J]. Research Policy, 1979(8):102 - 153.

[29] Dosi G. Technological Paradigms and Technological Trajectories: A Suggested Interpretation of the Determinants and Directions of Technical Change[J]. Research Policy, 1982 (11):147 - 162.

[30] Dell'Era C,Marchesi A, Verganti R. Language Mining-analysis of the Innovation of Dominant Product Languages in Design-intensive Industries [J]. European Journal of Innovation Management, 2008,11(01):25 - 50.

[31] 陈圻,陈国栋. 三维驱动力网络创新路径及其组合研究[J]. 科学学研究,2014(01):122 - 129.

[32] 陈劲,俞湘珍. 基于设计的创新:理论初探[J]. 技术经济,2010,29(6):11 - 14.

[33] 陈雪颂,陈劲. 设计驱动型创新理论评介:创新中的意义创造[J]. 外国经济与管理,2010,32(1):58 - 63.

[34] Christense. The Innovator's Dilemma [M]. Boston: Harvard Business School Press,1997.

[35] Verganti, R. Design as brokering of languages: The role of designers in the innovation strategies of Italian firms [J]. Design management Journal, 2003,14(3):34 - 42.

[36] Cross, N. Design research: a disciplined conversation,Design Issues[J]. 1999,15(2),5 - 10.

[37] 张凌浩,刘观庆. 内涵性语义在产品识别中的应用[M]. 无锡轻工大学学报

(社会科学版),2001,2(4),406 - 412.

[38] 胡飞,杨瑞. 设计符号与产品语义[M]. 北京:中国建筑工业出版社,2012.

[39] 辛向阳. 交互设计:从物理逻辑到行为逻辑[J]. 装饰,2015(01):58 - 62.

[40] 陈雪颂. 设计驱动式创新机理与设计模式演化研究[D]. 杭州:浙江大学,2011.

[41] Best P. Branding and Design Innovation Leadership: What's Next? [J]. Design Management Review, 2008,19(3):44 - 55.

[42] 李一舟,唐林涛. 设计产业化与国家竞争力[J]. 设计艺术研究,2012(2):6 - 12.

[43] Direction S. Design Driven Innovation: Uncovering Design Success lessons [J]. Strategic Direction,2008, 24(5):33 - 35.

[44] 俞湘珍. 基于设计的创新过程机理研究[D]. 杭州:浙江大学,2011.06.

[45] 柳冠中. 原创设计与工业设计"产业链"创新[J]. 美术学报,2009(01):11 - 13.

[46] Ahn-Sook H. Integrating Technology, Marketing and Management innovation[J]. Research Technology Management, 2004, 47(4):27 - 31.

[47] "创新设计竞争力研究"综合组. 创新设计竞争力战略研究[J]. 中国工程科学,2017(3):100 - 110.

[48] 杨锐. 产业竞争力理论研究——基于产业链治理的视角[D]. 上海:复旦大学,2012.03.

[49] 郁义鸿. 产业链类型与产业链效率基准[J]. 中国工业经济,2005(11). 35 - 45.

[50] 施振荣. 再造宏碁[M]. 上海:上海远东出版社,1996.

[51] 朱志砺. 微笑曲线,还是武藏曲线? [J]. 董事会,2005(07):96 - 97.

[52] 张梦霞,白建磊. 苹果公司的"元宝曲线"价值创造模式及启示[J]. 经济与管理研究,2014(10):121 - 128.

[51] 蒋兴明. 产业转型升级内涵路径研究[J]. 经济问题探索,2014(12):43 - 49.

[52] 李建军. 金融危机后中国加工贸易产业转型升级问题研究——基于全球价值链视角[J]. 特区经济,2010(05):222 - 224.

[53] 俞荣建,文凯. 揭开 GVC 治理"黑箱":结构、模式、机制及其影响——基于 12 个浙商代工关系的跨案例研究[J]. 管理世界,2011(8):142 - 154.

[54] 柳冠中. 原创设计与工业设计产业链创新[A]. 清华大学美术学院工业设计系. 创新设计管理:2009 清华国际设计管理大会论文集[C]. 清华大学美术学院工业设计系,2009:7.
[55] 刘志迎,冷宗阳. 中国制造业企业创新链协同发展实证研究[J]. 管理现代化,2015(06):34-36.
[56] Marcel P, Abdul E. Slicing up Global Value Chains[J]. GGDC Research Memorandum, 2013(05):135.
[57] Kim Y, Chung K. Tracking Major Trends in Design Management Studies [J]. Design Management Review, 2007(17):41-48.
[58] 张焘. 设计与设计管理[J]. 南京艺术学院学报(美术与设计),2006(04):152-154.
[59] 张立群. 设计管理的方法体系[J]. 装饰,2014(04):15-20.

3 我国家具企业转型升级的现状研究

随着国内外市场环境的变化，我国家具企业发展的压力越来越大，一成不变的经营模式和管理方法已经难以适应新时期企业发展的要求，转型升级已经变成了企业发展的必由之路。在促进企业转型升级方面，我国各地政府和相关部门也都推出了一系列的引导和扶持政策，同时企业对设计创新的认知也在逐渐深化，但从现阶段行业整体的发展状况来看，我国家具企业的转型升级仍然面临着一系列的问题。本章将基于当前行业发展的现状，对我国家具企业转型升级中存在的问题进行梳理，并分析背后的影响因素。

3.1 调研内容、方法与实施

主要通过查阅文献、搜集行业机构发布的数据以及问卷调研三种方式，获取研究我国家具企业转型升级现状的相关资料。

3.1.1 文献调研

1）调研内容

主要针对近几年有关我国制造企业的发展环境，尤其是与家具行业密切相关的文献，包括对企业设计运行和开展的有关研究进行梳理，围绕该类企业国内外发展环境的变化、行业状况与特点、国家与地方政府等出台的相关政策、发展中存在的问题、企业设计创新开展的模式及出现的问题等文献进行调研和查阅。

2）调研方法

主要通过查阅相关电子和纸质的文献、图书、期刊、会议论文、报纸等媒介获取相关资料。

3）调研实施

以学校图书馆电子数据库为主要资料来源，所查阅的文献主要从中国知网下载而来。部分资料也来源于书籍、权威报纸等。共收集电子资料 67 份、纸质资料 48 份。

3.1.2 搜集行业数据调研

1）调研内容

主要以与家具行业发展有关的企业创新数据（如技术成果、设计专利数量等）、企业发展状况与问题（贸易额、从业人员、企业分布、企业数量等）为主要调研内容。

2）调研方法

包括政府公布数据、相关协会组织以及机构等部门发布的数据、权威网站搜集所得数据等。

3）调研实施

通过行业协会公报、企业内部报纸、经济和信息化委员会、统计局等机构发布的数据为主要途径获取资料，包括纸质资料与网站发布的电子公告文件等。共收集行业协会公报 23 份、企业内部报纸 11 份、经济和信息化委员会和统计局等机构发布的数据 27 份。

3.1.3 问卷调研

1）调研内容

主要从企业内部人员的视角，了解企业经营中的问题、发展规划、企业规模、人员信息以及设计部门的运行模式、设计师规模、设计绩效等信息展开调研。

2）调研问卷设计

在问卷设计时，将问卷内容主要分为两个部分：一部分是获取企业信息，如企业规模、发展历程、经营模式等，包括企业转型升级的压力与优劣条件等；另一部分则主要围绕企业设计创新活动展开，如设计模式、设计人员构成、设计方向规划以及设计绩效表现等。在题项安排上，尽可能覆盖较多的企业状况选项。具体的问卷调研内容，详见附录1。

3）调研实施

本次调研主要采用网络调研和实地调研两种方式进行，包括借用会议、展览时机对目标企业展开调研等，调研的人群主要集中在企业中层及以上的负责人和企业设计部门主管人员、设计师等。共发放调研问卷240份，回收有效问卷232份，涉及100多家企业。从地域上看，这些企业分布在全国各地，覆盖长三角、珠三角以及西南、京津冀等区域。从调研企业的规模上来看，以中小企业为主，但也包含一定数量的大型企业。

3.2 调研结果与分析

3.2.1 我国家具企业转型升级的外部现状

我国家具企业转型升级的外部环境，主要指市场环境状况与政府政策两个方面。

1）市场环境状况

进入21世纪以来，我国逐步发展成为世界上最大的家具制造和出口国，家具市场形成了国际、国内两大销售市场。从调研的数据看，我国有超过90%的出口型家具企业都采用代工生产的经营方式，说明在国际家具市场上，我国主要以家具产品生产地的角色参与国际贸易，而具有国际知名度的家具品牌则较少；在国内市场上，由于家具行业的入行门槛不高，企业竞争较为激烈。另外，随着社会环境的变化，个性化消费成为国内家具市场消费的主要特点。

（1）国际市场贸易状况

首先，对国际市场规模和产品的单位价值方面进行分析。从国际市场环境看，我国家具企业多以代工的角色参与全球家具产品的生产流通和价值分配。在市场份额上，我国企业在国际家具市场中所占的份额具有明显优势，已经连续12年位居世界第一。2012年，我国木质家具的出口额就已经达到了183.31亿美元，占世界木质家具出口总额的32.06%[1]，而美国、意大利、丹麦等国的全球市场份额不断下滑。如近些年，意大利的市场份额已经从16%下降到7.5%左右，美国从9%下降到5%左右，这一数据说明我国家具出口的规模较大，体量占优。

但另一方面，从出口家具的单位价值情况来看，如表3.1所示，我国家具企业与发达国家之间存在着较大的差距。我国出口家具的单位价值要低于进口家具，而德国、意大利、美国、丹麦等国出口家具的单位价值却远高于其进口家具的单位价值，尤其是德国、意大利和丹麦在国际家具的中高端市场占据着绝对的控制权，并且其出口家具的单位价值每年的增长速度都在加快[2]。这一现象说明，从进出口家具的单位价值来看，与发达国家相比，我国家具产品的附加值较低，虽然我国家具占据世界市场近1/4的份额，但这种数量优势并不能代表企业获得了巨大利润收益。相反，它还意味着我国出口型的家具企业在全球家具价值链分布中，多处于以加工制造为主要特征的OEM阶段，这也很好地解释了为什么我国出口型家具企业在世界市场中所占的份额巨大，但却并没有产生全球知名的家具品牌。因此，我国出口型家具企业的转型升级发展还有很长的道路要走。

表3.1 一些国家进出口家具的单位价值状况[2]

年份	中国		美国		意大利		德国		丹麦	
	出口	进口	出口	进口	出口	进口	出口	进口	出口	进口
2005	1.96	2.72	3.55	2.98	4.67	2.54	3.90	2.37	2.48	2.60
2006	2.07	2.55	3.54	2.99	4.79	2.57	4.11	2.47	2.59	2.76
2007	—	—	—	—	5.36	2.83	4.49	2.64	3.01	3.09
2008	3.66	3.43	4.46	3.79	6.01	3.23	4.98	2.98	3.30	3.46
2009	4.01	3.82	4.95	4.31	5.20	2.80	4.56	2.72	2.88	3.18
2010	2.09	3.38	—	3.70	4.73	2.75	4.47	2.53	2.93	3.09
2011	2.39	3.63	—	3.57	4.79	2.84	4.84	2.67	3.15	3.37
2012	3.05	3.65	4.88	3.85	4.69	2.81	4.67	2.61	3.12	3.21
2013	3.31	3.84	4.89	3.86	4.83	2.82	4.88	2.70	3.18	3.33

其次，对国际家具市场竞争力方面进行分析。从搜集的官方数据来看，从1998年到2007年的十年左右时间，我国家具成长速度较快，在世界家具市场上表现出较强的竞争力，并一直处于稳步提升的态势。即使在2008年国际金融危机爆发以后，我国家具企业在国际市场上的显性竞争力也比较明显。但从2013年开始，中国家具企业的竞争优势出现下滑态势[3]。相反，越南、墨西哥、波兰等国的家具企业竞争力则表现出持续快速增长的趋势，尤其是越南，其国际竞争力指数(RCA)已经超越了中国，而墨西哥、波兰与我国的家具企业竞争力指数之间的差距正在缩小[2]。从原因上来看，墨西哥、越南以及波兰等国，属于新兴的家具出口国，且都和中国一样属于发展中国家，各国企业的生产技术状况较为接近，在生产链当中都位于生产制造环节，企业很少掌握核心的技术和知识产权，因此多属于被支配地位，企业被替代的可能性较大。由此，近些年这些国家凭借着自己拥有的比中国更为低廉的成本价格优势，表现出较强的竞争力，给中国家具产品的国际贸易带来极大隐患。除此之外，在地理位置上，墨西哥在北美市场，波兰在欧洲市场也比中国更具优势。

此外，根据本书第一章绪论部分的内容可知，我国家具企业面临的国际市场环境还包括主要进口国对家具的环保性提出了更高的要求，这为我国家具产品的国际贸易设置了壁垒，使外贸型企业的订单减少，并且为满足进口国的要求，企业不得不优化自身的生产工艺，从而导致了成本的增加。另外，在汇率方面，人民币在过去几年中升值幅度较大，使得出口型企业竞争力受损，再加上我国政府近些年对家具产品调低了出口退税率，也使得企业受益程度进一步降低。在原材料进口方面，我国对进口木材的依赖性较大，且主要木材出口国也都提高了关税，并限制了原木等材料的出口份额，导致原材料进口价格不断上升。总之，在国际市场环境的压力下，我国家具出口企业必须重新思考传统经营模式的弊端，积极寻求转型升级的可行性。

(2) 国内市场状况

近些年来，我国家具企业得到了飞快的发展，产业规模不断扩张。从2017年1月—9月的数据来看，我国规模以上家具企业共完成营业总收入达6 747.66亿元，同比增长11.14%，企业获利更是超过了400亿元，同比增长11.19%，累计生产家具数量超过了6.05亿件，同比增长3.12%[4]。从企业数量上来看，截止到2015年，中国家具企业已经超过7万家，从业人数为550万余人[5]。企业数量和生产规模的增长，也使得我国家具市场竞争越来越激烈。另外，尽管我国家具的出口量位居世界第一，但是出口规模与内销规模相比，仍然只属于很小的一部分，国内市场一直是我国家具企业销售的主要对象[6]，并且在2008年金融危机之后，欧美等发达国家的经济出现萎靡，我国家具也随之受到影响，订单大幅度减少，不少企业开始将目光从国际市场转向国内市场，从出口转为内销。

在国内家具市场，现有家具品牌众多，也使得市场竞争过于激烈。但另一方面，在国内市场上真正具有影响力和统治力的家具品牌却很难发现。2015年，学者林明伟指出，我国家具行业市场极度分散，企业数量众多，但没有一家企业的市场占有率能够超过1%[7]，这也说明我国家具企业的品牌意识还不够，或者说企业具有品牌意识但并不清晰如何塑造具有广泛影响力的品牌形象。另外，还有部分企业对产品的市场定位、用户目标尚不明确，只是初步具备生产条件或者拥有有限的区域性市场份额，但对于塑造产品附加价值的意义并没有深刻的认知，一些企业甚至还将品牌推广简单地等同于广告营销。

从我国家具企业的类型上看，由于家具行业的进入门槛不高，导致我国家具企业数量众多，但大型企业占比却非常有限。如在2015年的7万多家家具企业当中，规模以上企业仅有5 000家左右，而上市公司则不超过10家，因此也反映出在我国家具市场上主要是以中小型企业为主[5]。这类企业的市场营销手段主要依赖于固有的销售渠道，当市场环境出现新的变化时，企业极容易受到致命性的打击。在激烈的市场竞争中，它们难以与大型企业相抗衡，并且主要依靠价格优势来赢得市场，因此利润就更加微弱。在企业创新活动的投入方面，更是微乎其微，企业创新能力不足，难以承受市场的剧烈变化。在我国家具行业整体不断发展的背景下，中小型企业的生存压力却在增加。

从销售渠道上来看，由于市场竞争的加剧，企业销售渠道逐渐向着扁平化的方向转变，中间商的角色逐渐被淡化，销售方式开始从以往以中间商为主的“推式”向着以终端市场为主的“拉式”转变[8]。从市场分布来看，据搜狐网报道，一线城市的家具市场已经极为饱和，竞争也最为激烈，使得一些企业逐渐将销售渠道下沉，以市场潜力较大、品牌覆盖率较少的三线、四线城市甚至乡镇作为主要市场[9]。这一做法实际上也是企业捕捉市场缝隙的一种策略，有利于家具产品在全国各类市场的分布趋向均衡，但企业原有的经营模式并未发生太多变化，甚至更加注重成本的压缩。另外，由于中国人口众多，消费潜力巨大，一些国外家具企业也把目标瞄向了我国市场，并且这些品牌主要以我国的一线城市为主，进一步加剧了国内家具市场竞争的激烈程度。

在销售模式上，近些年由于信息技术的成熟和人们网络购物行为的普及，网络营销也成为家具销售的重要渠道，受到了许多消费者，尤其是年轻人群的喜爱，线上、线下配合的营销模式开始流行。如仅在2013年一年的时间，我国家具电商的销售额就突破了1 000亿元，并且在“双11”一天就实现了25亿元的业绩，其中全友家居一家就在“双11”一天取得了超过1亿元的销售成绩，顾家家居也取得了超过6 000万的销售额，芝华士、酷漫居等企业也上千万[10]。2014年以后，O2O的销售方式更加普及，成为一些家具企业主要的营销模式，并且还出现了如美乐乐、土巴兔、齐家网等一批家具网络销售平台。线上购物行为给卖场实体店的销售带来了巨大冲击，而且线上营销还极大节约了实体店的场地租金等投入，甚至有的企业还以实体店的亏损为代价来换取顾客对自己产品更为直观的体验和感受，以扩大品牌认知，以线下带动线上，促进网络在线销售额的增长。2012年上半年国内家具实体店的销售额同比下滑了35%，并且多数卖场营业额只实现了预定业绩指标的1/5，但其投入成本却不断增加，亏损已经开始蔓延[11]。

从产业分布上来看，我国目前已经形成了一些主要的家具产业集群，如珠三角产业区、长三角产业区、环渤海产业区、东北产业区以及西部产业区等。据新浪家居网统计，这五大家居产业聚集区占据了我国家具产能的90%，并且每个产业区又各具特色，如珠三角产业区拥有独特的供应链和品牌优势，长三角产业区则拥有质量和管理优势，东北产业区拥有木材资源优势，环渤海区域拥有市场需求优势以及西部产业区在三四线城市中占据市场优势[12]。产业集群的形成有利于企业间的相互带动，但另一方面也要看到，尽管我国家具产业集群已经出现，但部分产业区却并未形成集群效应。企业间只是实现了地理位置上的群居，却并没有产生彼此之间的衔接关系，这种衔接关系包含两个部分的内涵：①垂直关系，即企业间的买方、供应商的衔接；②水平关系，如企业间共同的客户、技术、渠道等共享机制等。另外，部分产业区也很难在人才教育与培养、人才雇佣、技术研发与落地、金融投资、设计资讯服务、质量检验等方面实现配套发展，即产业聚集区内的生态圈还未形成。

从消费趋势上看，由于市场上家具产品供大于求，再加上近些年人们审美意识的提升和居住空间的变化，个性化消费逐渐成为家具市场的主要特征，由此也诞生了定制化家具的概念，企业生产与顾客需求进一步对接，进一步拉动了消费者与企业之间的关系，用户因素对企业经营的影响越来越大。此外，人们的环保意识也有了明显的增强，在选择家具时，更加注重对家具材料、涂饰等环保性能的要求。在影响消费者购买行为的众多因素中，价格因素所占的比重呈现出降低的趋势，而家居的生态环保性因素则更为重要。

2）政府促进企业转型升级的政策现状

1995 年，我国政府首次将转型升级列入政府的正式文件中，在“九五”规划纲要中明确提出要实现传统产业转型升级的目标。此后，国务院及各级地方政府也相继出台了一系列促进企业转型升级的文件。总的来讲，这些政策可以分为两类性质，一类是强制性的，一类是引导性的[13]。

强制性的政策法规，主要是指与企业转型升级有关的约束性规定。由于转型升级的实现程度难以量化，不同行业以及企业又有着自身的特殊性，因此政府推出的具有较高可执行度的强制性文件较少，并主要集中于从生态环保的角度对企业提出各种指标和要求。如对家具产品中挥发性有机物（VOCs）的排放量进一步限定，对生产过程中的废弃物储存与处理也加大了检查力度。2016 年 10 月，号称“中国家具环保监测最高标准”的《家具成品及原辅材料中有害物质限量》在深圳正式被通过，并于 2017 年 1 月 1 日实施，它在家具企业生产标准与产品环保性能方面提出了更为严格的要求。这一政策直接导致了五金、油漆、海绵等家具生产材料的价格上涨，使得生态技术落后、环保不达标的许多中小家具企业的生存压力进一步增大。此外，2017 年环保部还印发了新的《环境标志产品技术要求家具（HJ2547-2016）》，该文件上调了多项家具产品的环保指标，并且新增了对皮革、人造革等原材料的要求以及对废弃物回收处理的规定等，调整了溶剂型木器涂料有害物质的限量数值以及邻苯二甲酸酯等物质的最高指标。这些政策迫使企业调整传统粗放型的生产方式，积极推进生态技术与绿色家居产品的设计与研发。

引导性的政策法规，主要指政府对企业转型升级实施方式的引导以及制定的相关资助、补贴等措施。目前这类政策较多，并多以“调整”“振兴”“优化”等词语出现，为企业发展指出总体的发展方向[14]，但在实践中的落地性不高[15]，另外，各级政府在前后不同时间点所推出的政策之间具有一定重复性。在引导企业发展方向上，这类文件多强调企业转型升级发展的必然性；在实施策略上，多要求企业注重技术创新、品牌塑造、服务创新、绿色发展等内容，其中工业设计也被国家和部分地方政府纳入企业转型升级的途径范畴之中。如前文提到的国务院推出的《关于印发工业转型升级规划（2011—2015 年）》中就多次提到企业自主创新的重要性，并且明确指出要大力发展工业设计，加速制造业转型升级。在政府补贴资助方面，不少地方政府对企业技术创新活动进行了鼓励，并提供了不同程度的经济奖励政策，但对于以中小制造企业为主体的家具行业来讲,中小企业的受益率却并不高,很多企业甚至不了解相关的奖励措施和申请方式。另外,在企业贷款优惠方面,中小家具企业也很难享受到政府的利息优惠。如 2012 年全国工商联发布的一项调查显示,超过 90%的民营中小企业实际上无法轻易地从银行获得贷款,而他们更多地只能是依靠民间借贷[16]。

总之,政府政策和法规对我国家具制造业转型升级提出了更高的要求,同时也指出了企业发展的方向,并提出了一些探索性的途径和方法,尽管这些措施在实践中的落地性和可操作性还不够完善,但转型升级已经是企业发展的必然趋势。

3.2.2 我国家具企业转型升级的内部现状

1)企业转型升级的意识

转型升级对我国家具企业来讲并不陌生,尤其是在 2008 年世界经济危机爆发以后,企业的生存压力越来越大,很多企业甚至被迫倒闭和破产,转型升级成为我国家具企业发展的唯一出路。

在企业转型升级的意识方面,根据附录 1,从搜集到的涉及 100 多家的 232 份有效调研问卷结果分析,如图 3.1 所示,企业转型升级的动机主要来源于成本增长(占比 25.6%)、利润降低(占比 20.4%)、市场份额减少(占比 14.7%)以及竞争对手压力(占比 13.9%)四个部分,而企业发展战略需要所占比重较低(占比 2.1%)。这一结果说明我国大多数家具企业并非主动性地选择转型,而是在生存压力不断增加的情况下被迫为之。另外,虽然很多家具企业,尤其是中小型家具企业,经常被灌输转型升级的重要性,但他们对转型升级的认知却偏表面化,即使部分企业负责人了解转型升级的大概内涵,但在实践中却并不清晰如何操作。如图 3.2 所示,从上述调研问卷的结果可见,企业转型升级的行为通常集中于营销方式改变、生产效率提升、控制成本以及降低价格几个方面(约占 65%以上),虽然企业的品牌推广意识占比较大,但与原创设计密切相关的产品功能、质量、造型、CMF 以及使用方式几个方面的比重较小,说明在这些企业内,设计创新仍未与企业的转型升级密切结合起来。在市场竞争中,它们多以模仿经济效益较好企业的经营策略和模式为主,并且在模仿过程中也显得比较谨慎。从搜集的数据看,在企业对设计创新的经费投入方面,其占年产值的比重普遍较低,即当涉及投入较多或创新程度较大的策略和活动时，企业往往比较犹豫。这种以模仿为主的方式，在企业成长的初期或许能够使得企业在一定程度上受益，但它忽略了产品在源头上的创新性，久而久之就变成了一味满足现有市场风格的跟随型企业，因此也难以在市场竞争中获取优势地位，更难以使企业变得强大。另外，中小型企业自身无法承担转型升级所隐含的风险，在生产经营中大多以保守为主，这部分企业的市场份额多集中于较为局限的地域性范围内。

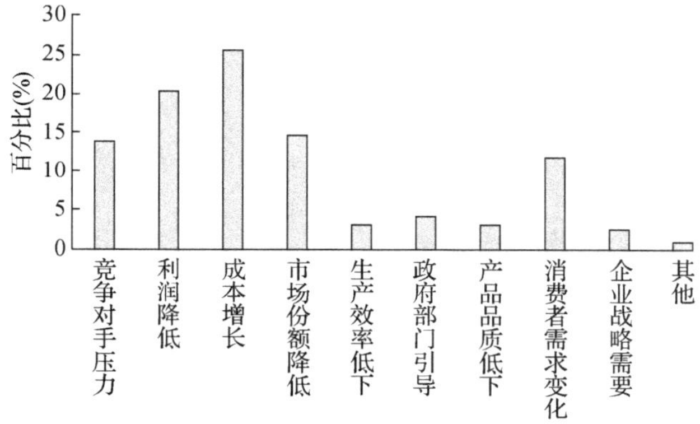

图 3.1 企业转型升级的动机

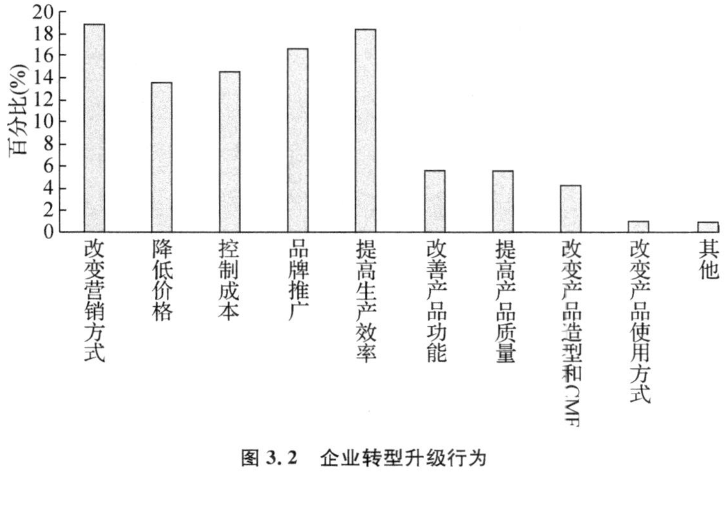

图 3.2 企业转型升级行为

对于部分资本实力相对雄厚的家具企业，企业负责人已经意识到新的市场环境必须产生新的生产和营销模式与之呼应，他们所采取的促进企业发展的活动主要围绕营销环节展开，即在企业创新的过程中，市场拉动作用要远远大于企业内部的技术创新和设计创新所带来的影响。如尚品宅配等品牌针对市场需求的变化及时推出了定制家具的概念，在市场上迅速崛起，这种做法虽然也包含了设计创新或者技术创新的内容，但其原始的刺激性因素更多地来自市场方面，而并不是以通过设计创新引领市场潮流、激发消费者需求的发展为目的。因此，从根源上来讲，它也属于被动性地开展设计活动。同时，当市场需求的变化影响到现有生产工艺的改变时，企业会慎重考虑生产成本的增长及其带来的风险。此外，也有些企业注重宣传造势，依靠庞大的网络、电视、杂志等媒体渲染品牌形象，这种形式忽略了自身产品品质的沉淀，一味地盲目追求名牌效应，也难以持久。

2）传统经营模式的惯性影响

如前文所述，我国家具企业自改革开放以后，取得了巨大的成绩。但在获得较大经济收益的同时，传统经营模式也对企业的创新思维带来了一定的阻碍。

在改革开放初期，由于我国土地、资源、原材料等尚未被大规模地开采利用，价格成本较低，再加上农村偏远地区闲置劳动力较多，使得我国在制造环节上与发达国家相比，具有巨大的成本价格优势。这种优势在改革开放政策实施后得以彻底激发，为中国制造型企业赢得了大量的国外订单，甚至还吸引了一些国外企业直接来华投资建厂。由此，追求要素成本与成品价格之间的差额成为我国制造型企业最简单、最直接的盈利方式，低价格也成为企业最核心的竞争力。我国家具企业同其他制造行业一样，也是在这种只注重规模和数量的经营模式中成长起来的。

从调研数据看，本次所调研的企业有超过90%的家具企业建厂历史在30年以内，只有较少的企业有超过30年的发展历程。在短短的发展时间内，企业凭借低成本优势获取了巨大利润。在经营收益不断提升的背景下，企业更关注于对营业额具有直接影响的市场销量及生产产量的变化，再加上我国人口众多，消费力惊人，市场潜力一直被无限地挖掘，企业的目光更多地集中于未被彻底开发的市场间隙区域，而忽略了对传统经营方式和生产方式创新的可行性。另外，相较于国外多数家具企业普遍有着50～100年的发展历史，我国企业在不到30年的发展历程中，也难以形成较强的企业创新力[17]。

传统粗放型的经营模式,极容易导致企业经营活动的重心一直集中于生产环节和市场环节,而对于创新,尤其是设计创新研发却难以引起经营者的关注。随着现阶段市场竞争变得越来越激烈,企业才意识到设计创新的重要性。传统固有的经营思维使得企业创新意识难以激发,也导致了其创新经验不足,技术和设计人才缺乏,创新能力较差,创新的成功率也就难以保证。在新的市场环境下,企业在转型升级与传统经营模式之间徘徊,尽管多数经营者清晰地了解传统模式的弊端,但它的惯性作用以及创新所具有的风险和高额投入使得企业对其难以割舍,长期在这种模式中苦苦挣扎。

3) 企业设计创新研发状况

设计创新在我国家具企业内的开展仅仅有十多年的历程,直到现在也仍处在起步阶段,企业对家具设计开展的模式及其发展方向一直处于摸索之中[18]。受传统经营模式的影响,在我国多数家具企业内尚未建立起成熟的设计机制,但在市场环境的快速变化及消费者需求极度细分的情况下,设计创新对企业发展的重要性却日益凸显。

从设计师的数量来看,2005 年彭亮教授在一篇文章中指出,据不完全统计,当时中国家具企业数量超过 3 万多家,家具设计师的总数却不足 3 000 人,设计师严重缺乏。其中就广东来说,当时 6 000 多家家具企业,真正接受过正规设计教育的设计师不足 600 人,也就是说平均每 10 家家具企业拥有 1 个设计师[19]。经过十多年的发展,随着我国设计教育规模的飞速增长,这一状况得到了极大改善,家具企业设计师数量也有了很大提高,甚至“设计”一词已经在行业内开始变得泛滥。企业设计师大肆涌现,“设计”也成为家具产品宣传的高频词汇,这些都体现了企业对设计价值的认可。但另一方面,中国真正职业化的家具设计师至今仍然较为稀缺,我国在国际上具有较高知名度的家具设计师很难发现,专业化、高水准的家具设计机构数量不多。

从设计创新的价值表现来看,在我国家具市场上,经典的现代家具设计作品仍然缺乏,产品同质化的现象依旧非常普遍。尤其是在 21 世纪初的前几年,胡景初教授将当时中国的家具产品总结为“五多五少”,即仿造多,创造少;共性多,个性少;国际形式多,民族形式少;次品多,精品少;杂牌多,名牌少[20]。这一评价,鲜明地概括了当时我国家具产业的市场状况,也指出了家具企业产品设计创新活动的贫乏。从附录 1 的 232 份调研数据看，对于现阶段的我国家具企业，仍有将近 80％的企业在产品设计时选择以借鉴和模仿为主，另外还有一些企业选择了直接抄袭的方式，而真正以自主原创设计为主的企业比重不足 10％(如图 3.3 所示)。这一结果说明，与十几年前相比，我国家具企业的设计创新水平仍然没有得到根本性的改变。

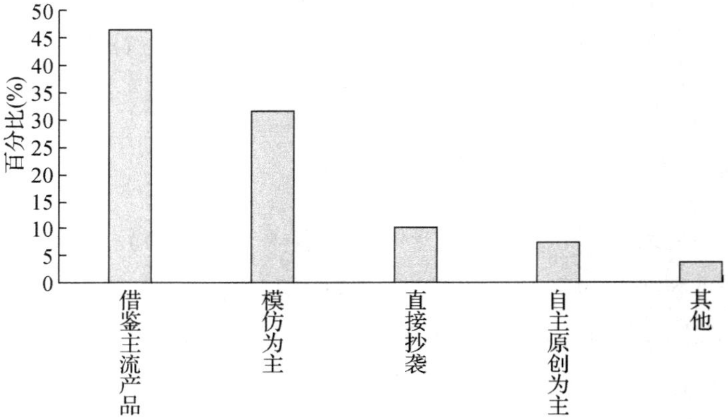

图 3.3　企业产品设计特征

从根源上看，一部分原因在于我国多数企业属于中小企业，一方面自身的设计能力较差，难以产生高质量的设计作品，另一方面在于企业的经济实力不足，难以承受设计失败所带来的经济损失，因此在新产品研发中也多以选择不影响现有生产工艺的设计方案为主。另外，也有部分家具企业为了降低研发成本和风险，选择以模仿抄袭的方式推出新产品，这类企业在产品开发中急功近利，缺乏对产品的深入调研和分析，设计资金投入较少，对设计资源的使用缺乏系统的指导，一味地闭门造车，导致了产品的设计质量不高，产品风格特色混乱。

另一方面，随着企业对设计认知的加深，在一些实力较大的家具企业内，设计创新也发生着一些转变，如一些企业将产品创新的概念从家具创新逐步转化为家居环境的创新，同时还对企业的定位上升至“家居系统解决方案”的提供商，反映了我国家具企业的设计意识正逐步走向成熟。因此，也有学者认为，我国家具企业真正缺少的不是原创设计，而是成熟的设计管理体系[21]，即企业了解设计的重要性及紧迫性，但在实践中却难以充分地发挥设计创新对企业发展的驱动效用。

从设计师的工作性质来看，根据调研的企业数据，目前我国家具企业内的设计师大致可以分为两种类型：

（1）第一种是专门服务于产品销售的设计师。由于目前我国家具企业创新的动力主要来源于市场竞争所带来的压力，所以企业内的大多数设计师都属于服务于市场销售的类型。这种性质的工作内容对设计师的要求较低，它只需要设计师对企业现有产品的类别、材料、功能、尺寸变化以及基本结构等具有一定了解，熟悉家具产品制作的基本周期，能够根据客户的需求快速制作产品效果图并具有一定的交流能力。这类设计师工作的场地主要集中在销售端，如卖场等，工作的内容以客户谈单、测量、制作报价和绘制施工图纸等为主。由于他们主要负责辅助销售环节将企业已有的产品样式推销给顾客，所以很少与生产加工等内容接触，从本质上来讲他们并不承担新产品研发的任务，对产品创新的程度较低，只是依据不同客户的需要对现有产品的尺寸、颜色进行简单的改变，也有企业直接将这类人员归属于市场或销售部门。

（2）第二种是专注于企业生产环节的设计师。设计师工作的内容主要是绘制生产所需要的各种图纸，如施工图、装配图、零部件清单等。它对于设计师的基本要求为：精通家具产品的结构类型和装配方式，了解施工工艺和生产设备的主要特点及加工流程，有的还要求设计师具有较强的动手能力。从这类设计师的出身来讲，他们多数是由生产经验丰富的生产工艺人员转行或者企业自身培养而来，这类人员多缺乏专业的设计教育背景，因此创新活动多围绕生产工艺环节展开。即使涉及产品自身形态的变化，也多以现有市场上流行的家具风格样式作为参照而进行局部修改，有的甚至是以模仿为主，在模仿中为了使产品符合企业现有的生产工艺流程，而迫不得已对产品进行简单的改变。这部分设计师的创新行为虽然是围绕生产环节而展开，但也算得上是从企业生产的源头切入创新活动，并对企业现有产品类别的丰富起着重要作用。

3.2.3　我国家具企业设计创新运作的现状

1）我国家具企业设计运作的主要特点

（1）在风格延续性方面。就目前我国家具企业设计运作的形式来看，部分企业已经对新产品的设计活动进行了积极的探索，但从设计风格的延续性来看，同一企业的不同家具产品之间的风格较为混乱，企业缺乏统一的设计形象，多数产品只是依据不同时期的市场特点做盲目的跟风。这一现象也反映出多数企业尚未形成明确的设计战略体系，设计活动缺乏系统的规划。这与企业设计创新的动机有关，企业开展设计活动多是因为已有市场受到威胁，或市场上已经出现了新时尚的产品并受到消费者的追捧，因此企业为了追随潮流，而抛弃了对自我设计特征的塑造。目前在我国家具行业内，真正拥有自己的设计特色，并在各个系列的家具产品中得以延续的企业为数较少。

(2) 在设计决策方面。从搜集的数据看，只有约 18.7%的企业在内部制定了明确的设计决策制度，说明现阶段我国多数家具企业对设计方案的选择缺乏正规的评审机制，多由少数企业主要负责人进行自主判断。由于企业设计活动的开展缺乏规范性，企业对产品的更新换代以及市场生命周期并没有明确的规划，产品更新的频率缺少特定的规律，所以产品研发的整个流程就显得较为混乱。在对设计方案进行选择和决策时，企业多以现有市场上销量较好的产品作为依据，并且由于企业管理中的等级制度较为严重，等级较高的管理人员在产品决策中所起到的影响较大。尤其在中小型企业内，企业负责人一个人几乎决定了整个设计方案的成败。另外，即使部分企业采用设计师与企业负责人共同商议的方式来选择最终的设计方案，但在大多情况下，设计师由于个人资历经验或职位等因素，在产品决策中多处于服从地位，难以保证设计方案的完整性。企业缺乏规范的设计决策制度，负责人在决策过程中的主观因素影响过大，也就无形中增加了新产品在市场上的风险。

2) 企业设计运作的主要模式

目前，从搜集的资料来看，我国家具企业设计创新运作的模式主要有两种，即委托外包型和自主设计研发型。

(1) 委托外包型

委托外包型，即企业依靠外部设计机构为其从事新产品的设计研发工作。由于目前我国家具企业设计能力普遍较弱，在进行新产品研发的企业当中，许多家具企业都采用这种形式进行新产品的设计。企业将设计的基本要求告知外部设计机构，外部设计机构向企业提供设计方案，然后由企业对方案进行筛选并确定，双方的合作多采用一次性买断的形式来交付。其主要流程如图 3.4 所示。

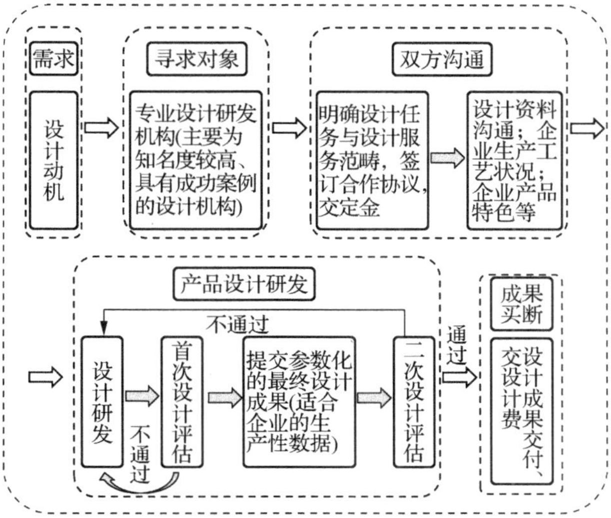

图 3.4 委托外包型设计流程

首先,企业由于市场消费需求的变化或者竞争对手的压力而产生新产品设计的动机,进而它们根据自身企业和产品的特点寻求外部的家具设计机构。在选择依据上多以知名度较高或具有成功设计案例的设计机构为主,也有一些中小企业由于设计经费投入不高,主要寻求小型的设计公司或高校的设计人员作为委托对象。在选择的途径上,企业多通过家具展览会参观交流、网络信息查询、熟人介绍等方式获取外部设计机构的信息。在确定好设计机构之后,双方开始就设计任务展开沟通,并明确设计的目标、费用以及设计方案交付的方法,继而双方达成统一意见并签订设计合同。一般来讲,就目前我国家具企业来说,他们通常是有了明确的设计想法或方向之后才会去委托设计机构寻求设计服务,如他们有产品初步的基本样式、使用对象、材料色彩搭配等想法,有的企业甚至直接提供相应的参考样品让设计机构进行简单修改,而外部的设计机构能够完全自主性地为企业进行新产品设计研发的情况较少。双方签订设计合同之后,设计机构向企业搜集一些必需的设计资料,如企业以往产品的样式、生产工艺的状况等,然后展开设计构思,正式进入新产品研发阶段。一般在研发过程中,双方有数次约定好的设计评估过程,以便确保设计方向的合理性,避免重复无效的设计工作。在设计方案确定之后,家具企业签字认可,设计机构将方案效果转化为企业可以直接生产的参数化文件,并由企业进行最后的评价。在最后评价通过之后，企业按照合同约定支付剩余的设计费用，并且设计机构对后续设计方案的生产等环节进行必要的跟进。

委托外包的方式也会带来一些弊端，外部设计机构一般很难了解企业现有的生产工艺状况，对企业以往产品的风格、企业理念、企业品牌形象的了解也难以深化，因此容易导致企业各种类型、各代产品之间缺少统一的规划，不利于企业理念和品牌形象的传达。当然，也有部分企业经过多次合作之后，双方形成了稳定的合作关系，外部设计机构对企业的要求和生产状况具有较好的了解，这样有利于提高设计方案在生产中的转化效率，但长期固定地使用某一设计机构也容易使产品风格单一，设计创新的思路僵化，从而导致企业的产品创新度不高。另外，双方采用一次性买断的形式，有利于避免家具企业与设计机构之间产生纠纷，但也使企业的风险增大，新的设计方案没有经过市场的检验而企业已经完全支付了相应的设计费用，因此投机性较大。

委托外包型的研发方式适于新产品研发频率较低的企业，它避免了企业设计部门常态化运作的费用，同时又可以通过较少的设计费用投入取得较为专业化的设计成果，是目前我国家具企业普遍采用的一种形式，但这种形式最大的弊端在于设计方案的评估过程缺乏规范的流程和方法，增加了企业潜在的风险。

(2) 自主设计型

目前在我国家具企业内，自主设计研发一般可以分为两种类型：

一种是设计创新依附于生产环节，设计行为多由生产工艺的改进转化而来，甚至有的企业还简单地将设计活动等同于生产或工艺处理环节的变化。

另一种是企业内部拥有专门负责新产品设计研发的设计部门。根据企业的特点及其对设计的认知，该设计部门又可以分为两种情况：① 独立进行自主设计研发；② 根据委托生产方的要求，将对方的设计方案进行小范围的改变或者完善，使之适应于企业现有生产工艺的要求。另外，也有的企业设计部门是将市场上流行的、销量较好的成功设计案例进行适当的模仿或者借鉴，以求既保留了原有案例的神韵又能避开设计产权的法律问题，这种设计部门也属于第②种类型。

企业自主设计型研发流程如图 3.5 所示。

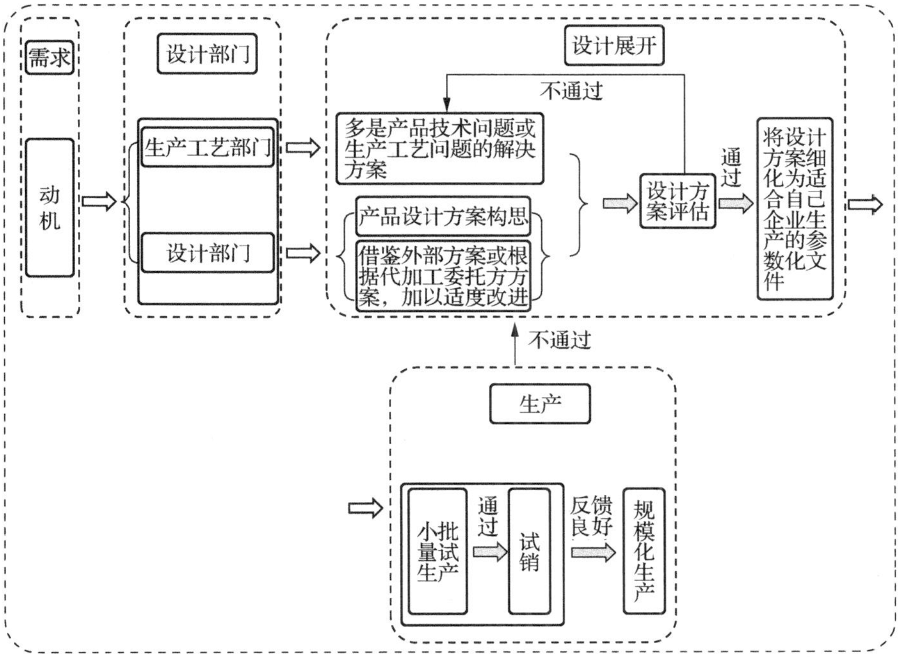

图 3.5　自主设计型设计流程

首先，企业有了设计需求并产生设计动机之后，相关负责人将设计目标或者任务分配给内部专门的设计部门。对于没有设计部门的部分企业（如第一种类型的家具企业），新产品设计研发的任务多由生产或工艺部门负责，其设计研发过程也主要围绕产品生产中的技术问题或者工艺问题而展开，通过对技术和工艺的革新影响到产品形态、肌理、结构、表面处理以及使用等方面的变化，从而使家具产品呈现出新的存在形式。对于设有专门设计部门的家具企业，设计部门又根据相应的设计任务展开设计构思，有时企业负责人对设计任务有明确的目标，并提供一些相应的参考样品（如第二种类型中的第②类），他们更多的是要求设计师按照企业负责人的想法或者由设计师进行小范围改进并制作设计效果图和装配图，这种情况下设计师的自由创新度较低。对于部分代加工性质的家具企业，其设计部门主要负责将委托方的设计方案转化为适合自身生产要求的图纸，设计师的角色变成了设计方案的翻译者，几乎不具备任何创新性。也有部分企业（如第二种类型中的第①类），设计部门有着较大的创新自由度，设计师可以按照自己的想法来构思新产品的方案，但这种情况并不多见，并且在最终方案的评选过程中，也会融入较多的企业负责人的主观因素。

在以上三种类型的设计过程中，都会经历若干次的设计评估和修改环节，直到满足原定设计目标任务的要求。在设计方案通过之后，设计部门将设计方案细化为适合企业生产的参数化图纸文件，完成设计过程并转入试产和试销阶段。在试产和试销阶段，企业有时也会根据实际情况对原设计方案进行修改，直到市场反馈良好，再进行大规模化的生产。

自主设计研发适合于设计频率较高的企业，并且这种方式有利于企业设计能力的培育，能够加深企业对设计过程的认知。此外，与委托外部设计机构的方式相比，自主设计研发更容易使设计方案符合企业现有生产工艺的状况，提高设计的生产转化率，因此通常具有较高的可行性。但另一方面，由于设计师的设计对象长时间局限在同一类事物上，也容易造成设计师的思维固化，产品的新颖性不足。

3.2.4 设计创新促进家具企业转型升级的主要问题分析

基于以上对我国家具企业设计创新模式和企业转型升级的现状分析，目前设计创新促进企业转型升级发展的问题主要表现在以下几个方面：

（1）政府部门制定的关于促进我国家具企业转型升级的政策落地性不够。迄今为止，我国各级政府，包括地方部门，已经制定了 200 多份促进企业转型升级发展的政策文件[22]，其中既涉及宏观的发展方向和模式的引导，也包含一些关于清洁生产、低碳发展、人才引进、技术研发等具体的奖励和惩罚措施，但对于以中小企业为主体的我国家具行业来讲，企业在生产经营的实践活动中，仍然很难参照相关文件找到具体的可行方法，并且所享受到的奖励和优惠扶持红利较少，相关政策在具体生产实践中缺乏落地性，对企业刺激度不够。

（2）企业过于重视对现有市场消费需求的满足和追随，设计创新的主动性较差，即企业过分重市场、轻原创。企业开展设计创新活动，多源于现有市场的变化和竞争对手的压力，在外界压力的驱动下才被动地开展产品设计活动。在企业转型升级过程中，很难主动地依靠强大的设计驱动力，塑造设计战略，从企业创新链的源头，通过推出新的产品，实现对现有市场发展趋势和消费者需求的引导。通常情况下，企业更注重市场状况的变化，以满足已有消费者需求为目的而开展设计活动，对未来趋势的预测和引领不够，因此多属于市场需求的追随者。

（3）企业设计能力不足，设计价值未得到充分发掘，产品附加值较低，竞争力不强。很多家具企业长期以模仿和抄袭国外经典作品或者国内市场销量较好的产品为主，忽略了自身设计能力的培养和积累，企业对设计的认知不深，设计资源匮乏，并且很多企业在设计方案的筛选过程中主观性过强，因此导致了自身设计能力不足，设计带来的产品附加价值偏低，设计战略的意识严重缺乏。在一些企业内甚至都没有专门的设计岗位，或者设计师的工作主要由其他部门人员兼任，这部分人员大多没有接受过专业的设计教育，所以设计质量也难以保证。在成本日益增长的情况下，企业创新能力偏弱，严重阻碍了其转型升级的发展。

(4) 企业"为品牌而品牌"的现象较为普遍，忽略了自身设计文化的沉淀。目前由于市场竞争压力，很多企业意识到品牌的价值，因此在市场上花大成本，通过各种媒体和渠道向社会进行宣传，如高薪聘请明星大腕代言、赞助综艺节目等，投入巨大，而在设计文化的塑造上则过于轻视，导致品牌形象的传达缺少了文化理念作为载体，因此无法取得长效性。只有积极推进设计创新活动，注重自身的设计特色和理念的沉淀，通过成熟的设计机制引导，才有可能实现可持续化的品牌形象塑造。

(5) 企业对设计的认知不够，设计组织机构混乱，设计师工作内容错位。目前，我国很多家具企业对设计创新的理解不到位，设计流程不规范，设计机构的设置也不够合理，并且有些企业在设计中急功近利，忽略了对设计的深入调研和分析，采用模仿跟风的做法，盲目追随时尚和潮流。另外，真正进行自主设计研发的企业较少，设计师主要集中在客户销售端进行工作，变成了绘图员或者报价员，缺乏原创设计行为。

(6) 企业对设计创新的投入不足。我国家具企业以中小型企业为主，其资本实力有限，在传统经营中多以抄袭模仿为主，再加上新产品在市场上具有一定的风险性，因此企业很难在新产品的设计研发上投入过多的资本经费。与其他行业相比，如电子信息行业，我国家具企业的研发资金远远低于它们。2009 年整个通信行业的平均研发投入约占其总产值的 5%，其中中兴一家就为 9.8%左右，而我国家具行业的平均投入只有 1%左右，二者相差甚远[23]。

(7) 设计在企业经营收益中的贡献率偏低。目前由于我国家具企业设计能力不强，优秀设计产品的产出率较低，设计对企业收益的贡献率不高。根据美国工业设计协会的数据，工业产品外观每投入 1 美元，就可带来 1500 美元的收益。日立公司则表明该公司每增加 1000 亿日元的收益，工业设计所付出的贡献率达到 51%，而设备生产只占到 12%[24]。前文也指出，英国和韩国政府的统计也表明，设计创新在其国家经济发展中所占的比重较高。相反,在我国家具行业,尤其是设计能力较弱的中小企业内,设计对企业收益的贡献率要远远低于这一水平,要素规模投入所占的比重仍然较高。

3.2.5　设计创新促进家具企业转型升级的影响因素分析

(1) 传统规模要素式的低价格经营模式阻碍了企业设计创新的发展。如前文所述,我国家具企业多是在改革开放后,凭借资源、材料、人工等要素的低价格优势逐步发展起来的,这种方式使得企业获利巨大,并且经营的风险性较小,即使在遇到国外订单减少的情况下,国内巨大的消费力也使得我国家具行业保持了较高的收益水平。因此,在收益得到一定程度保障的前提下,企业设计创新的动力不足,传统经济模式的惯性作用影响较大,束缚了企业创新的思想,导致企业经营方式简单且单一,设计创新发展受阻,对企业转型升级的作用更难以发挥。

(2) 设计创新带来的价值是隐形的、抽象的,难以用数字化的形式呈现,也使得企业对设计创新的重视不够。设计的价值是以产品附加价值的形式呈现的,这种附加价值是隐形的,带有不确定性,并且很难以具体的数字进行评价,因此也难以引起企业的重视。相对于设计附加值,企业生产投入、规模扩大、设备更新等活动所带来的产量增加、生产效率提高等定量化产出更为直观,也更能吸引企业的注意力,从而更容易成为企业经营的重心。另外,设计附加值要在市场上得以充分表现也需要一定的时间周期。

(3) 设计具有一定的风险性和偶然性。设计活动创造的是一种全新产品,这种创新性以及产品创新的程度是否能够被市场所接受,企业无法得到相应的保障,并且企业在寻求外部设计机构进行设计服务时也多采用一次性购买的方式,这种方式具有较大的投机性。如果新产品不被消费者认可,将会给企业带来较为严重的人力和财力损失,而很多中小家具企业又无法承受这种损失。因此,我国一些家具企业宁愿采用模仿的方式,对现有市场上销售较好的产品进行简单改造,甚至直接抄袭以降低企业风险,也不愿意主动地进行设计研发。

(4) 企业负责人不懂设计,也不知道如何开展设计活动和如何激发企业设计潜力。在我国家具行业内,很多企业是从加工生产的小作坊逐步发展起来的,企业负责人文化水平不高,多数并没有接受过正规的设计教育,再加上我国设计创新的起步较晚,所以企业负责人对设计的理解较为有限,也不知道如何正确地建立良性化的设计运行机制，难以激发设计的潜力。另外，在目前国内家具行业，真正能够成功商业化的优秀家具设计作品不多，企业也缺乏相应的案例可以借鉴。

(5) 我国知识产权保护制度不够健全，保护力度不到位。目前，在我国知识产权保护方面，一些企业很容易对产品进行较小的改变而逃避法律的制裁，使得一些企业的原创设计价值极容易被盗窃。在企业新的设计产品投产之后，设计成果可能很快就会被竞争对手抄袭，而法律的制裁又很难及时跟进，且企业诉讼周期较长，设计创新产生的利益无法得到维护，极大地挫伤了企业设计研发的积极性。我国知识产权法规的不完善，严重制约了企业设计创新活动的开展。

(6) 现今真正符合我国家具企业需求的优秀设计师较少。尽管近些年来，我国家具设计师人数激增，每年有大量的设计专业毕业生走向工作岗位，但这部分人大多缺乏实践经验，难以将课堂知识快速地转化为设计实践，专业知识难以落地。另外，企业设计师的设计能力参差不齐，也很难保证设计产出的高质量。

3.3 本章小结

本章为本书的研究提供了背景资料并对其进行了分析。采用实证调研等方法，在考察了我国家具企业转型升级的外部和内部现状及设计创新运作现状基础上，对设计创新促进我国家具企业转型升级的主要问题、影响因素进行了研究，主要研究结论如下：

(1) 企业转型升级的现状：企业转型升级压力不断增加，在国际市场上出口型家具企业竞争力受到威胁，单位产品附加价值偏低；在国内市场上，个性化消费成为主要特征，市场竞争日益激烈，具有较大品牌统治力和影响力的企业较难发现。

(2) 企业在设计创新和转型升级方面的主要问题：企业对设计创新的认知不够，重营销轻原创，不注重对设计能力的培养，并且过于急功近利，缺乏长远规划。另外，企业由于设计创新能力不足，多数企业以模仿抄袭为主，产品风格混乱，并且政府部门的引导性政策在实践中的落地性和可操作性偏低。

(3)从根源上看，影响设计创新促进企业转型升级的主要因素在于：传统要素规模式的经营模式导致企业创新思想受到束缚，同时设计本身也具有风险性，且设计附加价值难以直观呈现，使得部分企业缺乏设计创新的动力。另外，我国专利保护法规还不够完善，并且企业缺乏优秀的设计人才等。

参 考 文 献

[1] 林伟明,戴永务,余建辉.木制家具产业国际竞争力影响因素的实证研究[J].东南学术,2014(06):135－143.

[2] 王亮.基于全球价值链视角的中国家具业转型升级研究[D].杭州:浙江大学,2015.

[3] 王波,张春霞,戴永务.中国家具产业国际竞争力研究[J].中国农学通报,2008(9):176－182.

[4] 朱长岭.家具行业市场寻求改革突破[N].中国文化报,2017-12-02(007).

[5] 周杰.家具行业特征及发展趋势[J].商场现代化,2017(12):19－20.

[6] 胡景初.论中国家具产业的定性与发展思路[J].家具与室内设计,2009(01):11－12.

[7] 中国家具行业现状与趋势分析[EB/OL].http://m.1688.com/blog_detail/57448810.html,2015-01-05.

[8] 罗德宇."互联网＋"背景下定制家具O2O营销模式探微[J].中国商论,2017,(24):40－41.

[9] 家具消费市场:三四五线城市是未来希望![EB/OL].http://www.sohu.com/a/135029915_736708,2017-04-19.

[10] 雷玄.家居篇:送货安装严重滞后[J].中国质量万里行,2014,(12):18－20.

[11] 中国家具电商现状及发展趋势分析[EB/OL].http://zixun.jia.com/article/323479.html,2014-09-01.

[12] 中国五大规模家具产业集群分布[EB/OL].http://jiaju.sina.com.cn/news/20141119/390982.shtml,2014-11-19.

[13] 陈洪涛.新兴产业发展中政府作用机制研究[D].杭州:浙江大学,2009.

[14] 熊勇清,侯玲玲.传统产业转型升级促进政策的变迁及特征分析——政策文本计量分析视角[J].软科学,2013,27(05):32－36.

[15] 刘志彪,陈柳.政策标准、路径与措施:经济转型升级的进一步思考[J].南京大学学报(哲学.人文科学.社会科学),2014,51(05):48－56,158.

[16] 李若辉,关惠元.我国中小型制造企业产品生态设计现状及问题[J].生态经

济,2016,32(12):211 - 215.

[17] 霍志勇. 民营家具企业转型与升级的战略研究[D]. 长沙:中南林业科技大学,2009.

[18] 许柏鸣. 对当前中国家具业的几个问题的思考[J]. 家具与室内装饰,2017(3):11 - 13.

[19] 家具设计工作难找:人才短缺还是需求不足[EB/OL]. http://home.wx.house365.com/news/html/200808/17429_1.htm,2006-11-08.

[20] 胡景初. 迎接家具设计的春天[J]. 家具与室内装饰,2000(1):14 - 15.

[21] 蒋健,许柏鸣. 家具企业与设计公司的合作模式[J]. 家具,2011(1):34 - 38.

[22] 侯玲玲. 传统产业转型升级促进政策的研究[D]. 长沙:中南大学,2013.

[23] 黄艳丽,戴向东. 关于提升家具企业设计管理的实践与探索[J]. 林产工业,2012(04):8 - 12.

[24] 范昊天,杜先森. 谈现代工业设计如何帮助企业冲出经济危机[J]. 全国商情,2009(8):37 - 38.

4 设计战略对产业链与价值链升级驱动研究

设计战略作为企业对设计活动的规划，直接影响了设计创新在企业发展中的角色和地位，体现了企业对设计研发环节的重视程度。合理的设计战略定位有利于引导企业向附加值产出较高的产业链研发和营销环节转移，并促进产品附加价值的提升，使企业向着价值链更高的“ODM”“OBM”环节过渡，从而表现出设计创新对企业在产业链和价值链两个层面转型升级的驱动作用。本章将从设计战略角度对我国家具企业设计战略实施现状展开定量化研究，分析不同设计战略的特点和优劣，并探讨企业设计战略定位与构建思路，以求从产业链和价值链两个方面发挥设计创新对企业转型升级的引导作用。

4.1 研究方法

4.1.1 分析方法

1）分析的思路和框架

根据本书第2章对设计创新内涵的梳理可知，设计创新将产品的功能和服务以三维物质形态的方式表现出来，是企业与客户最直观的交互媒介[1]。本章对企业设计战略的分析也主要从设计活动带给企业产品的创新表现入手，通过对产品设计特征的对比分析来评价企业通过设计活动所体现出来的战略意图。在迈克波特提出的竞争战略中，差异化是其中重要的一个方面[2]，本书也基于这一观点，结合家具产品的特点，主要从设计带给家具产品的差异性来分析企业设计战略的特点。差异化程度较大，说明设计对产品的创新力度较大，设计在企业发展中的地位或者重要性就越高；而差异化较小，说明设计对产品的改变较小，设计的重要性就越低；完全没有差异，即抄袭现有产品，则代表设计对产品创新的力度为零，设计对企业发展没有发挥任何作用。具体来讲，本书主要围绕设计层面、效应层面以及评价层面三个方面对企业设计战略展开研究，具体的研究框架如图 4.1 所示。

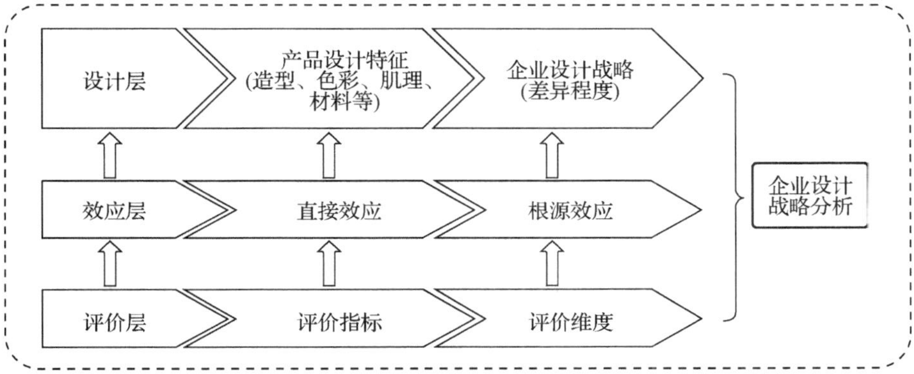

图 4.1　企业设计战略研究框架

在设计层面，主要指企业设计创新活动给产品所带来的新的特征表现，以及通过这些新的设计表现所形成的产品间差异化程度，它反映了设计创新在企业发展中的重要性定位。另外，根据 Verganti 的观点，设计创新是对产品语义的塑造，并且产品语义主要是由一系列符号、标志和图像组合而成[3]。对于家具产品来讲，设计活动塑造的产品“符号、标志和图像”主要体现在造型、色彩、纹理、材料以及功能等方面，这些要素综合在一起就构成家具本身的风格样式，也确定了产品所赋予人的视觉、触觉等特征。同时从深层次来讲，这些特征与其他已有产品之间存在的差异化程度，还反映了隐藏在设计背后的企业不同的战略意图。

从设计效应角度看，设计活动所创造的产品形态、色彩、功能结构、肌理效果等是设计最直接的产出成果，属于设计的直接效应表现，它可以直观地为人所感知。从设计特征形成的根源分析，这种直观效果一般并不是企业设计活动无意为之的，而是企业寻求市场机会、区别其他同类产品的有意识的行为表现，即通过产品的差异化捕获更多或特定的消费群体。因此，设计创新体现在产品上的直接效应，及其所营造的产品与市场同类产品之间的差异程度，反映了企业的战略手段，也是设计活动最终的效应表现。

对于评价的层面，本章对企业设计战略的分析主要从设计创新所塑造的产品差异性入手，而产品的差异性又主要表现为产品设计的直接效应，因此本章以效应层面的直接效应作为评价的对象，以产品的造型、色彩、材料、肌理等作为评价指标。在评价的维度方面，本章研究的主要目的在于探寻企业设计战略的意图，因此将通过对企业设计战略特征的分析，寻求由评价指标反映企业设计战略特征的方法。换言之，本章主要通过对设计创新直接效应的分析，来确定企业产品差异度的表现层面及表现强度，通过对产品差异度的研究，进一步探寻企业的设计战略意图，如图 4.2 所示。另外，差异度的表现层面，即本章对企业设计战略的评价维度；而表现强度，则主要来源于本章对评价指标的定量化分析。

图 4.2 设计战略表现过程

2）评价维度

在产品差异度的评价上，学者 Michele 等人指出企业的差异性主要体现在两个层面(如图 4.3 所示)：一是在经营策略和理念上与现有竞争对手之间的差异性；二是自身经营策略的差异性[4]。

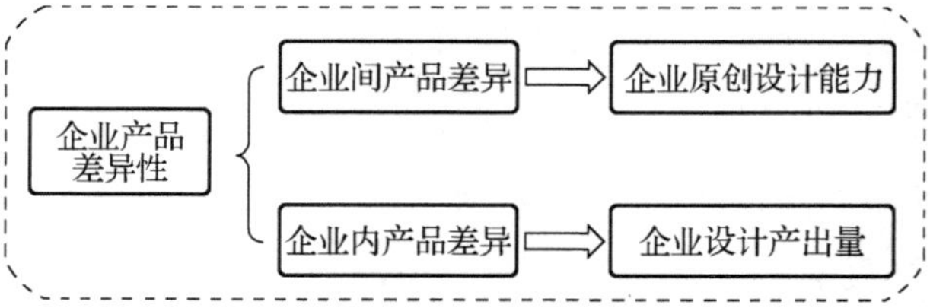

图 4.3 企业差异性的层面

从产品的角度来讲，前者主要指企业产品与市场竞争对手产品之间存在的差异性，而后者多指企业自身产品之间的差异性。企业产品与竞争对手产品的差异度越大，说明企业区别与竞争对手的策略越明显，即企业市场差异性定位越强，也从侧面反映了企业原创设计能力越强；企业自身产品的差异度越大，说明企业自身产品类别越多，产品的多样性就越高，企业产品战线就越宽，覆盖的人群范围也就越广，也反映了企业设计活动的产出数量和生产转化率较高。这两个层面都体现了企业在经营中的战略意图，本书也将以此作为企业设计战略评价的两个层面。在评价指标上，如上文所述，本章对产品差异度的评价指标主要从设计创新的直接产出效应来寻求。尽管设计的产出效应不仅体现在产品的外在表现上，还包括企业品牌形象、文化理念等深层次的内容，但这些抽象的效应归根结底也是通过产品具象的直观形象才体现出来的。因此，本书结合家具产品的特征，选择以家具的风格样式等方面的设计特征作为企业设计创新直接效应产出的具体分析指标。

4.1.2 分析量表构成

对于家具产品而言，设计创新的直接效应大多是可以被人所感知，并且反映为产品具体的风格样式。学者 Chen 和 Owen 认为产品的风格特征虽然是对产品抽象的表达，但它带给用户的却是一种直观的心理感受，因此可以用语义量表的形式对其进行评价[5]。他们通过对产品特征的分析，研究了产品风格样式的组成要素，并建立了相应的测量量表。本书在他们提出的量表基础上，结合家具产品的特点，对该量表内容进行适当调整，以制定适于本书研究对象的新量表形式。

另外，为了对产品风格进行定量化研究，本书拟采用 Likert 七级量表法和专家评价法搜集数据，因此在制定产品设计的直接效应的具体评价指标时，根据语义差分法，拟通过成对反义形容词的形式来确定。本书以家具企业为对象，评价量表的内容和指标应符合家具产品设计创新的特点。

具体方法为：邀请 4 位家具设计领域内的专家共同讨论家具产品设计特征的评价量表内容，其中 4 位专家中有 2 位是长期从事家具设计教学与研究工作的高校教师，另 2 位则分别来源于家具企业设计部门和专门的家具设计机构。经过商讨之后，在 Chen 和 Owen 量表的基础上，最终确定了五个方面的评价内容，这五个方面分别为造型、表面处理、纹理图案、色彩、功能。另外，每个方面又由若干不同的具体评价指标构成，共得到 14 项评价指标。最终的评价量表形式如表 4.1 所示。

表 4.1　评价量表

项目	形容词	示意	评分
造型	几何——有机	各造型元素是有机形态还是几何形？	1—2—3—4—5—6—7
	简洁——繁琐	整体造型是简洁的还是繁琐的？	1—2—3—4—5—6—7
	轻盈——厚重	整体造型是轻盈的还是厚重的？	1—2—3—4—5—6—7
	中式——欧式	整体造型是中式的还是欧式的？	1—2—3—4—5—6—7
表面处理	光滑——粗糙	产品表面处理是光滑的还是粗糙的？	1—2—3—4—5—6—7
	圆角——尖锐	产品表面细节是圆角还是棱角分明？	1—2—3—4—5—6—7
	柔软——坚硬	产品表面是柔软的还是坚硬的？	1—2—3—4—5—6—7
纹理图案	少——多	纹理是重复多样的还是单一稀少的？	1—2—3—4—5—6—7
	天然——人工	表面纹路是天然的还是人工处理的？	1—2—3—4—5—6—7
色彩	单一——多样	产品所含色彩的数量？	1—2—3—4—5—6—7
	冷——暖	产品色调偏冷还是偏暖？	1—2—3—4—5—6—7
	明亮——深暗	产品色调是偏亮还是偏暗？	1—2—3—4—5—6—7
功能	舒适——疲劳	产品给人带来的舒适程度？	1—2—3—4—5—6—7
	单一——多样	产品具有多种功能？	1—2—3—4—5—6—7

4.1.3　评分方法

在设计效应评价量表确定之后，接着对企业及其产品进行抽样，然后邀请家具设计领域内的专业人员依据已经确定的评价量表对样品依次打分。为了避免主观偏好的影响，本书邀请上述 4 位专业人员分别对样品进行打分，然后再对 4 组数据求其均值，即每一件样品将得到 4 位专业人员提供的 4 组原始分数，并且每一组分数都由五个方面的 14 项指标数值构成，每一项数值都在[1,7]之间，然后为尽可能排除主观因素的影响，本章再对每一组里面的每一项得分求均值。于是 4 组数据合并为 1 组，该组数据也即为该样品最终的设计效应分数值，其各项指标值加在一起，即为该样品设计效应的整体综合数值。图 4.4 所示为两件家具产品 x、y 在对 4 组原始分数求平均值之后，所得出的分值对比情况。

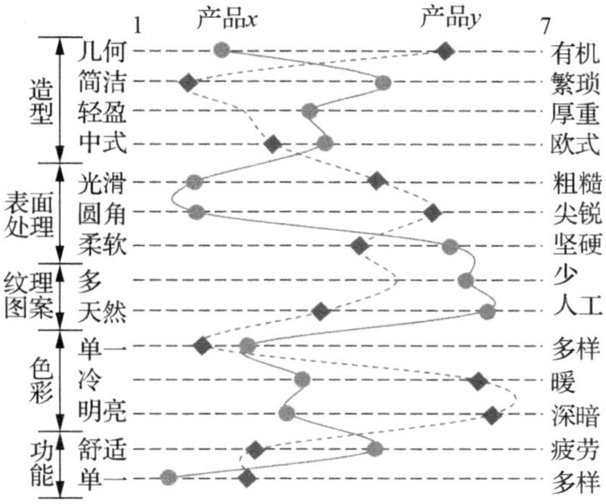

图 4.4　产品 x、y 的差异度对比

4.2　研究实施

4.2.1　样本选取

1）选取对比参照

本书对设计战略进行评价，主要目的在于研究我国家具制造企业设计战略定位的现状和特点，以便于分析其存在的问题，探求如何构建更加合理的企业设计战略模式。为更清晰地凸显我国家具制造企业设计战略的特点，如前文所述，本书将采用对比研究的方法，选取意大利家具企业作为参照，将意大利企业与中国企业同时研究，通过对两国企业设计战略最终所得数值的对比，使各自的特点和差异更加明确，也更有利于寻求我国家具企业设计战略定位和发展的方向。同时，又由于双方各自主要的市场范围和消费对象存在着差异，本书对两国企业进行分别研究，最后再将结果进行对比分析。

本书选择意大利家具企业作为对比的对象，其原因在于：首先，意大利家具在世界范围内知名度较高，其设计模式被公认为较为成熟；其次，米兰家具展汇聚了全世界最优秀和最新颖的家具作品，已经成为全世界家具的盛会，每年有大量的设计师和家具企业前来参观,意大利家具已经成为很多企业学习的标杆,变成了世界家具发展的风向标[6],由此也反映了意大利家具企业的设计能力较高。基于这些原因,本书选择意大利家具企业作为参照目标。

2)选取家具产品样本

在家具产品的选择上,本书拟选取客厅座椅作为抽样的产品。其原因在于:座椅造型较为直观,体量较小,风格特征易于观察,并且客厅座椅是大多数家具企业都会涉及的产品,因此也多能代表企业主要的设计风格。基于此,本章选择客厅座椅作为研究的样品。

3)选取样本企业

在企业的调研上,本书主要研究企业的设计问题,因此努力把目标锁定在设计活动较为频繁、产品设计密集型的企业上。对于中国家具企业,本书主要从近些年参加过上海、广东、深圳、东莞等家具展并有过设计奖项获奖经历的家具企业中选取,同时也考虑一些知名度较高的设计师服务的家具企业。对于意大利的家具企业,本书主要从近些年参加米兰家具展、科隆家具展等著名展会的家具企业中选取,同样兼顾一些国际著名设计师服务的家具企业[7]。另外,为了确保在企业内产品多样化层面研究的合理性,本书在选取企业时还剔除了生产座椅类别少于 5 种的家具企业。

基于以上原则,本书最终选取中意家具企业 18 家,样本总数为 123 件,其中:中国家具企业共 9 家,样品总数为 61 件;意大利家具企业共 9 家,样品数为 62 件。选取的企业特征如附录 2、附录 3 所示。

4.2.2 计算方法

1)产品之间设计效应差异度的计算

在两两产品之间设计效应差异度的计算上,本书仍然基于 Chen 和 Owen 的理论,并结合标准差的计算公式进行定量化分析。具体的计算方法为:

(1) 首先,为了便于产品不同组形容词得分之间能够相互计算,需要对每件样品的每一组形容词得分进行标准化处理，使之无量纲化，以便于不同性质的数据可以相互运算。本书采用的标准化处理方法为“Min-max 标准化”法，具体公式为：

$$y_i=\frac{x_i-\min\{x_j\}}{\max\{x_j\}-\min\{x_j\}} \tag{1}$$

式中：y_i——样品 i 标准化之后的第 j 项评价指标所得出的数值；

x_i——样品 i 在第 j 项评价指标上的 4 组原始得分在求均值之后所得的数值；

$\min\{x_j\}$——所有样品中第 j 项评价指标在原始得分求均值之后的最小值；

$\max\{x_j\}$——所有样品中第 j 项评价指标在原始得分求均值之后的最大值。

由此，经过标准化处理后，所有样品的每一项评价指标的数值范围都在[0，1]的区间内。其中，当 $y_i=0$ 时，代表样品 i 的该项评价指标数值为所有样品该项指标中的最小值，而当 $y_i=1$ 时，则代表样品 i 的该项评价指标数值为所有样品该项指标中的最大值。

(2) 其次，对于两个产品之间设计效应差异度的计算，本书拟借鉴 Chen 和 Owen 对风格样式差异度的计算方法[20]，具体为：在对样品得分标准化之后，将需要对比的两件样品的每一组评价指标的数值分别相减，然后对各项指标的差值进行平方，接着再求 14 项差值的平方和，最后再对平方和进行平方根处理。按照 Chen 和 Owen 的观点，该平方根则为两件样品的风格样式差异度值，也即本书所提到的产品设计创新的直接效应差异度值。计算公式为：

$$DEdis_{x,y}=\sqrt{\sum_{j=1}^{n}(Ay_j-Ax_j)^2} \tag{2}$$

式中：$DEdis_{x,y}$——样品 x 和 y 之间设计创新直接效应的总体差异度值；

Ay_j 和 Ax_j——分别表示样品 y 和 x 在第 j 项评价指标上经标准化之后的得分；

n——代表评价指标的总数量，在本书中 $n=14$。

根据该计算公式，本书中所有两件样品之间的 $DEdis_{x,y}$ 值的范围都落在了[0，$\sqrt{14}$]的区间，并且当 $DEdis_{x,y}=0$ 时，表明两件样品 x 和 y 在设计直接效应上的差异度最小，即二者的相似度最大。当 $DEdis_{x,y}=\sqrt{14}$ 时，则代表样品 x 和 y 的设计效应差异度最大，即二者风格相距甚远。两件样品的设计效应差异度随着 $DEdis_{x,y}$ 数值的增加而增大。如图 4.5 的产品 A 和图 4.6 的产品 B 两款单人沙发，其分别由两个不同厂家生产和销售，二者的$DEdis_{x,y}$值较小，说明二者之间的差异较小，相似度极大；而图 4.7 的产品 C 和图 4.8 的产品 D 同样为不同厂家的产品，经评分和计算后二者所得的$DEdis_{x,y}$值较大，说明两件样品的设计风格差异较大，在本书中即产品的差异度较大。

图 4.5　产品 A

图 4.6　产品 B

图 4.7　产品 C

图 4.8　产品 D

2）企业产品差异度的计算

根据上文对企业产品差异度的分析，本章拟从企业间差异性和企业内产品差异性两个层面展开研究。企业间产品的差异性集中于研究企业产品与外部企业同类产品之间的差异程度，反映了企业产品的市场识别程度；而企业内产品的差异性，集中于研究企业内部同类产品之间的差异程度，反映了企业该类产品的多样性程度。在计算方法上，本书沿用了 Michele Simoni（2014）等人在研究灯具企业设计战略时对企业差异度的计算方法[4]，具体为：

（1）企业内产品差异化

在企业内产品差异化方面，具体的计算方法为：首先按照前文提到的两种产品之间差异度的计算方法，对某一企业内抽样的同类产品依次进行两两比较，求得每两件产品之间的设计效应差异度值，即$DEdis_{x,y}$值。然后，对于每一件抽样的样品，选取其与企业内其他所有样品之间求得的若干个$DEdis_{x,y}$值中的最小数值，该最小的$DEdis_{x,y}$值也代表了该样品与该企业内其他同类产品之间的最小差异程度。于是，企业内每一件样品都有一个最小的$DEdis_{x,y}$数值，接着对所有样品的最小$DEdis_{x,y}$值求平均，基于 Michele Simoni 等人的观点，所求得的平均值反映了该企业内该类产品的差异化程度，也即为该企业内产品的多样性程度。具体的计算公式为：

$$INdis_i = \frac{1}{n}\sum_{j=1}^{n} \min\nolimits_i(DEdis_{j,n-1}) \tag{3}$$

式中：$INdis_i$——表示 i 公司某类产品在该企业内的多样性程度；

n——表示 i 公司被抽样的该类产品的样品总数量；

$\min_i(DEdis_{j,n-1})$——表示 i 公司被抽样的第 j 件样品与其他($n-1$)件样品之间的最小设计效应差异度值，即最小的$DEdis_{x,y}$值。

$INdis_i$的数值越大，说明企业内产品的多样性就越大，反之则说明企业内的多样性越小。

（2）企业间产品差异化

在企业间产品差异化方面，采用与企业内产品多样化同样的计算方式。具体的计算方法为：首先，将某一企业内抽样的每一件样品同抽样的其他企业的所有同类抽样样品进行一一比较，计算该企业内每一件样品同其他企业同类抽样的样品之间的$DEdis_{x,y}$值，然后求该样品经对比之后所有$DEdis_{x,y}$值中最小数值，该值即代表了该样品与该企业外所有同类样品之间的最小差异程度。于是，该公司每一件样品都可以求得一个与该企业外所有的同类产品之间的最小$DEdis_{x,y}$数值，然后对所有的最小$DEdis_{x,y}$值求平均，基于 Michele Simoni 等人的观点，所求得的平均值即代表了该企业与其他企业同类产品之间的差异化程度，也反映了该企业的产品原创性程度。与企业内产品差异化的计算方式相比，在计算企业间的产品差异化时主要集中于将企业内的每一件样品与其他企业的每一件样品一一对比，而并不将企业内的产品进行相互间的比较；而在计算企业内产品差异性时，只将同一企业内的所有样品进行一一对比，而并不考虑其他企业的同类产品。

具体计算公式为：

$$EXdis_i = \frac{1}{n}\sum_{j=1}^{n} \min_i(DEdis_{j,N-n}) \tag{4}$$

式中：$EXdis_i$——代表 i 公司与市场竞争对手产品之间的差异化程度；

n——代表 i 公司被抽样的样品数量；

$(N-n)$——代表本次抽样的除 i 公司样品之外，其他所有企业被抽样的同类样品的总数量；

$\min_i(DEdis_{j,N-n})$——代表 i 公司的第 j 件样品与抽样的其他企业所有同类样品之间的最小设计效应差异度值。

$EXdis_i$值越大，说明该企业与市场竞争对手之间的产品差异度越大，即产品的市场新颖度较高，识别度较大。

4.3 研究结果与分析

4.3.1 计算结果

根据上文所述的方法，本书对抽样的中国和意大利家具企业分别进行评分并计算，得出的企业内差异化数值及企业间差异化数值如表 4.2 和表 4.3 所示。

表 4.2 企业内产品差异性结果

企业内产品差异性			
中国家具企业		意大利家具企业	
企业编号(样品数目 n)	$INdis_i$	$INdis_i$	企业编号(样品数目 n)
A(6)	0.645	1.223	a(8)
B(7)	0.783	1.067	b(7)
C(7)	0.677	1.103	c(6)
D(7)	0.772	1.118	d(7)
E(7)	0.734	1.280	e(7)
F(7)	0.799	1.186	f(6)
G(6)	0.595	0.994	g(6)
H(7)	0.824	1.007	h(8)
I(7)	0.726	1.043	i(7)

表 4.3 企业间产品差异性结果

企业间产品差异性			
中国家具企业		意大利家具企业	
企业编号(样品数目 n)	$EXdis_i$	$EXdis_i$	企业编号(样品数目 n)
A(6)	1.080	1.037	a(8)
B(7)	0.864	0.729	b(7)
C(7)	0.514	0.897	c(6)
D(6)	0.661	0.940	d(7)
E(6)	0.614	0.942	e(7)
F(7)	0.556	0.895	f(6)
G(7)	0.902	0.731	g(6)
H(7)	0.776	0.802	h(9)
I(8)	0.650	0.876	i(7)

4.3.2 企业内产品多样性分析

根据上文的计算结果，将中意两国家具制造企业的内部产品多样化数据绘制成折线图，如图 4.9 所示。

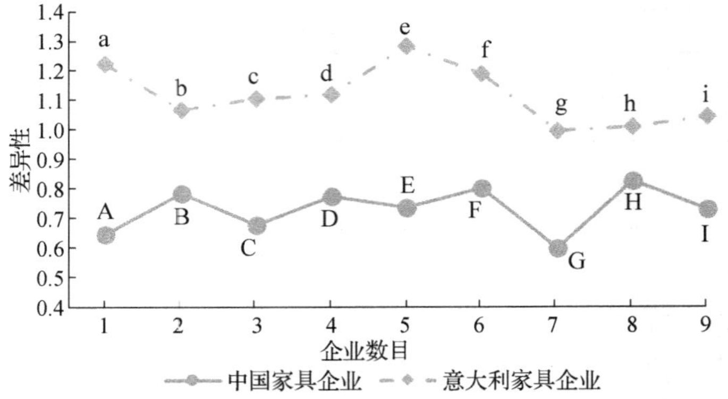

图 4.9　企业内产品差异性折线图

由上图可以看出，代表意大利家具企业产品多样化程度的折线位于图的上半部分，而代表中国家具企业产品多样化的折线则位于图的下半部，并且中国企业的最高点（H：0.824）低于意大利家具企业的最低点（g：0.994），因此从整体上看两个国家在企业内的产品多样性上具有明显的差异，意大利企业明显高于中国家具企业。另外在折线的起伏程度上，即在两个国家内部进行企业间的对比看，两国企业之间的折线起伏程度近似，相互间差异并不明显，意大利家具企业间的最大差异度为 0.286（e 与 g 之间的差异值），中国家具企业间的最大差异度为 0.229（H 与 G 之间的差异值），说明两个国家内部的各自企业之间具有较强的共性，即企业内产品的多样化程度近似。从数据统计来看，利用 SPSS 22.0 软件对两个国家的数据进行独立样本 T 检验，双尾检测得到的 sig 值近似为 0，说明两个国家之间的差别具有显著性意义。此外，从两组数据的标准差来看，中国家具企业的标准差为 $\sigma=0.076$，而意大利家具企业之间的标准差为 $\sigma=0.099$，说明中国家具企业之间的差异度要略小于意大利家具企业，但总体来讲，这种国家内部企业之间的差异并没有太大。

以上结果表明，意大利家具企业的内部多样化程度要明显地高于中国的家具企业，并且这种差异带有普遍性，即大部分的意大利家具企业在这个层面都要比大多数中国家具企业要高。另外，从国家内部看，在企业内部产品的多样化程度上，两个国家内部企业之间存在着共性特点，即在各个国家内部企业之间，在企业的内部产品差异化程度方面大致类似。基于此，我们可以得出，我国家具制造企业产品多样化程度普遍较低，而意大利家具企业普遍较高，并且我国企业整体低于意大利企业。

4.3.3 企业间产品差异性分析

图 4.10 为根据前文得到的两国企业间的差异性结果，绘制的中意家具企业间的差异性折线图。

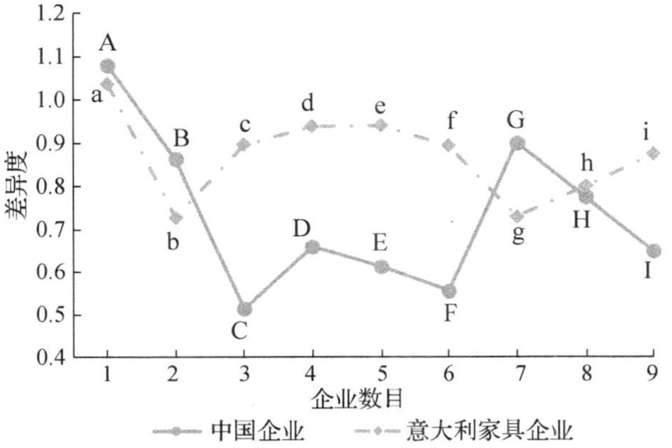

图 4.10 企业间产品差异性折线图

由图中可见，两个国家的折线交错在一起，其中最高点为中国家具企业 A(1.080)，其位置略高于意大利的最高点企业 a(1.037)，最低点为中国企业 C(0.514)。从两条线的起伏程度看，代表中国企业的折线起伏略大，而代表意大利企业的折线起伏略小，说明二者之间具有一定的差异，但也并不是特别明显。其次，意大利剩余的其他 8 家企业主要聚集在 0.7～1 的范围内，相对比较集中，企业间的数值差异不大；而中国的家具企业，除去 A、B、G 之外，剩余的企业位置多分布在 0.5～0.8 之间，因此这些企业间也具有一定程度的共性特征，即企业间差异化程度均较低。从数据的统计分析看，同样利用 SPSS 22.0 软件对两个国家的数据进行独立样本 T 检验，结果显示 sig 值为 0.070，大于 0.05 的标准，但小于 0.1 的标准，因此也说明从整体的企业间差异性角度来讲，两国企业有一定差异，但该差异并不特别显著，或者说两个国家的家具企业在整体的企业间差异程度上具有一定的近似性。另外，从两组企业的离散程度来看，中国企业间的标准差 $\sigma=0.185$，而意大利企业间的标准差 $\sigma=0.102$，后者数值约占前者数值的一半多一些（约占 55.1%），因此可以认为就各国内部企业之间的数值分布来说，中国企业的分布状况与意大利企业的分布状况相比更为分散，即在企业间差异化层面，中国企业的共性较弱，意大利企业的共性稍强。

以上结果表明，就中国和意大利家具企业来看，将各自国内家具品牌对比分析，我国家具企业间的整体差异化程度稍大于意大利家具企业，但整体看这种差异性并不是太显著。另一方面，在各国企业的离散程度来看，我国家具企业间的离散程度要明显大于意大利家具企业。这一结果说明我国各个家具企业产品在企业间差异性方面个体差异较大，尽管整体上与意大利相近，但企业间的分布很不均匀。同时，也可以从图中看出，我国除去 A、B、G 等企业外，其他家具企业之间也是存在着明显的共性特征的，即企业间差异化水平都较低。

4.3.4 总体情况对比分析

图 4.11 是根据两国家具企业在企业内和企业间的产品差异化数值而绘制的企业散点分布图。

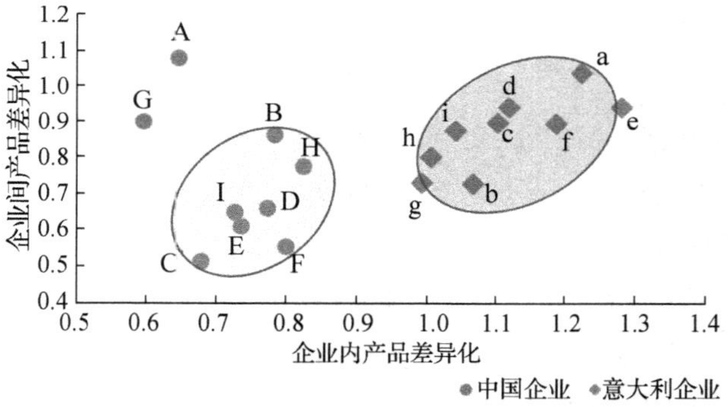

图 4.11 企业设计战略定位散点图

由上图可知，从横坐标的位置分布看，我国家具企业主要分布在左侧，而意大利家具企业主要分布在右侧，且双方的横坐标间距较大，分界明显，形成了两个不同的族群，说明我国家具企业在内部产品多样性上明显低于意大利家具企业。在纵坐标位置分布上，从我国家具企业的位置与意大利家具企业对比看，我国企业分布更为松散，而意大利家具企业则相对较为集中，说明我国家具企业的个体状况差异稍大，部分家具企业具有较高的企业间差异性。从整体看，我国多数企业分布在图的左下角，而意大利家具企业多数分布在右上角，说明我国多数家具企业在企业内和企业间差异性两个层面上都要低于意大利企业。

以上结果表明，与意大利家具企业相比较，我国多数家具企业在企业内产品多样化以及企业间产品差异性水平上明显偏低，反映了这些企业不仅自身产品种类单一，而且市场雷同度较高。但同时也有少数企业虽然企业内产品差异性不高，但在企业间产品差异性上表现出较高的数值，说明该类企业已经形成了一定的市场区别性。

4.3.5 原因分析

根据以上分析，我国大多数企业在企业内和企业间差异性两个层面数值均偏低，即企业的产品种类较少，且雷同度较高，这种现象反映了企业设计产出不高，或者设计绩效转换能力不足，即说明了企业设计能力较差，产品无法体现出自己的设计特征，更无法建立起较宽的产品战线。

从原因上看，对于我国少数企业来讲，如A、B等，虽然在自身产品的差异性上较低，但是在企业间差异性上表现出较高数值，说明这类企业产品的风格较为统一，但又具备了一定的设计能力，使得其产品在市场上形成了显著的差异化设计形象。从企业内部原因看，A和G家具企业的创始人都是有着一定知名度的设计师，他们对设计有着自己独特的理解，对家具产品的创作更多地体现了创始人自己的艺术或设计追求，如A企业的创始人是我国知名的设计师朱小杰先生，其曾经在国外接受过专门的设计教育，设计风格较为鲜明。另外，这两家企业规模偏小，更接近于手工作坊形式辅以简单的工业设备加工，因此消费群体也主要以一些小众消费者为对象，所以企业所生产的家具个性较强，在市场上设计风格独特，造成了企业间的差异性较高，而又由于自身的生产规模偏低，市场控制力不强，无法同时大批量进行多种产品的生产和制造，所以产品的战线较窄，企业内产品的差异性偏低。而对于B和H两家企业，近些年他们对设计十分重视，邀请了诸如雅各布森等多位国际著名的家具设计大师为其设计，这些设计师来自意大利、德国、法国等国，其中B企业已经获得了200多项设计大奖。企业对设计的重视使得其产品在企业间差异性层面表现显著，产品设计特征突出。另一方面，由于企业的设计机制尚不成熟，或者其设计能力只是处于成长阶段，还不足够强大，又或者企业对新产品的统筹规划和把控能力不足，使得产品在企业内差异性上还没有得到充分的表现，但从上文的图中已经可以看出，这两个企业在企业内产品差异性上已经位于抽样企业的前3位，也说明了企业的设计能力正在逐步成长。最后，由于我国多数企业设计能力偏低，因此少数企业设计能力的增长，也极容易大幅度地提升自身与竞争对手之间的差异值。

4.4 研究结果的应用

转型升级背景下，设计战略的定位应注重对企业活动向设计创新环节的引导和过渡，使得企业更加注重原创研发，突破传统的过度依赖于规模要素扩张式的制造性经营思维，促进企业通过产业链转移、价值链提升来实现转型升级。

4.4.1 设计战略与企业转型升级的关系

1）合理的设计战略定位引导企业在产业链层面转型升级

设计战略包含了企业对设计创新活动的规划，这种规划以实现企业长远化、整体化发展为目标，以设计活动的开展为手段，以产品设计特征的表现为动力。企业只有具有较强的设计能力之后，才能够塑造出既定的产品设计特征，并以此促进其战略意图的实现。因此，设计战略是企业在整体发展战略目标下，通过设计创新活动实现自我发展的行为。要充分发挥设计战略的这种价值，企业就必须在设计创新环节投入更多的精力和成本，提高对设计研发的重视，并逐步将经营活动的重心从生产环节逐步转移到设计研发环节上，即体现了在产业链层面从中游的组装、制造环节向上游的研发环节转变。设计战略定位通过对产品设计特征的规划来引导企业不断提升设计能力，提高新产品设计频率，强化设计创新的作用，并驱动企业更加注重研发活动对发展的重要性，摆脱单纯依靠规模体量发展的传统制造业思维。另外，基于本书第二章内容可知，设计活动与产品包装、展厅布置、广告宣传等密切相关，企业向设计研发的转移也能够极大丰富产品营销的手段，增加营销收益，从而表现出设计战略通过引导企业对设计活动的重视促进企业其能力的提升，从而有利于优化企业在产业链中营销环节的表现。由此可知，合理的设计战略定位不仅引导企业向研发环节转移还能够提升企业的营销能力，表现出其对企业在产业链层面转型升级的推动作用。

2）合理的设计战略定位引导企业在价值链层面转型升级

在价值链层面，企业产品与竞争对手之间的价值差异不仅仅是由其使用功能导致的，并且家具也是一种产品功能同质化极为严重的行业，同类产品价值的差异更多地反映在功能之外的产品特征上，即附加价值层面。在附加价值的表现上，除了功能之外，产品的特征多与设计活动密切相关，并且这些设计特征也是在设计战略的规划下进行表现的，以实现企业整体发展的战略意图。在设计战略类型中，差异化是其重要的表现形式，产品价值的差异正是它们与竞争对手产品设计特征的差异化所带来的。在企业设计战略的引导和约束下，单个产品的差异化特征通过设计活动予以体现，并在长时间之后，大量的企业产品所表现出来的与市场其他产品差异化的共性设计特征逐渐固化为统一的企业品牌形象，即实现"基本使用价值——单个产品附加价值——企业整体品牌价值"的演变。在价值链层面，这种演变也反映了企业向"OEM——ODM——OBM"转型升级的路径，因此设计战略定位对企业在价值链层面的转型升级也体现出重要的引导作用。

4.4.2 我国家具企业设计战略构建分析

1）设计战略定位的利弊分析

企业设计战略的定位是企业设计能力的根本反映，不同的设计战略体现了企业不同的经营思路，也具有不一样的利弊特点[8]。基于前文所述，本节采用Michele等人的观点，将企业产品设计战略分解为企业在自身内部产品多样性上的定位，以及企业产品与竞争对手产品之间的差异性定位两个层面。

（1）企业内产品差异性层面

企业内的产品差异性，反映了企业自身产品的多样化程度，内部产品的差异性越高，说明企业的产品类型越多，对市场用户群的细分度就较高，因此也比较容易满足消费者多样化和个性化的消费需求，有利于企业维持较高的市场份额。此外，当企业的某一类特定产品不被市场所接受时，较广的产品战线也可以降低其给企业带来的损害，保证企业有更多的盈利点，而不至于过度地依赖某一类产品。但另一方面，这种战略也容易给产品的设计过程、技术研发过程、生产设备、工艺处理以及市场推广和营销等多个方面带来额外的人力投入及成本增加，导致企业资源难以集中,难以做到高精尖,使企业资源的利用效率降低。相反,较低的产品多样化程度,说明企业研发方向较为明确,能够将资源和成本集中到某个具体方向,容易在特定的产品研发方向深入下去,进而取得竞争优势。但同样,较低的产品差异性也意味着产品特征过于单一,用户群体较窄,难以满足用户多样化的需求,并且当时尚潮流发生变化或者用户喜好出现新的特征时,企业难以快速做出应对,因此这种类型也会给企业的发展埋下一定的隐患[9]。

(2) 企业间的差异性层面

企业间的差异性,反映了企业产品在市场上的个性程度和新颖程度。具有较高的企业间产品差异度可以使产品脱颖而出,吸引更多的用户关注,因而有利于品牌形象的传播,提高企业的知名度。因此,这类企业一般设计能力较强,多属于时尚风格的创造者和引领者,容易使企业成为新风格和新潮流的代表[10]。但同时这种类型也具有一些弊端,产品与市场上已有主流产品的差异度越大,表明产品的创新性就越高,而与已经被现有市场所接受的主流产品相比,创新度越高的产品其被消费者认同的风险就更大,过于个性的产品容易被市场所拒绝,从而有可能导致企业前期的研发投入付诸东流。相反,具有较低企业间差异度的产品,其在设计研发过程中多参考了现有产品的风格样式,并且这种风格样式已经被市场所认可和接受,因此新产品的市场风险性就被降低了。但同时这种策略也有着较大的负面影响,较低的产品企业间差异度,容易使企业陷入抄袭模仿的设计模式。如果企业长期以模仿为主,不注重自身设计能力的培养,产品就会缺少特色,这样企业品牌形象也就难以建立,在市场上无法形成影响力。企业不具备设计竞争力,也就容易被市场所淘汰。企业间差异度较低的企业,多属于时尚和潮流的追随者。

2) 我国家具企业设计战略的现有问题

基于前文对我国家具企业设计战略的分析可知,尽管在抽样的家具企业中,少数企业已经开始重视设计创新的重要性,并在企业间差异度上有所表现,但多数企业在产品的多样性层面仍然普遍较低,且各个企业之间具有较强的相似性,另外在企业间差异性上,多数企业产品具有一定的雷同度。这一结果说明我国家具企业较为保守,产品的创新度较低,设计效应的产出不高,因此产品的差异性没有得以体现,同时也反映出了一部分家具制造企业的设计创新能力不足,无法塑造出新颖的产品设计特征,从而导致产品类型单一,市场雷同度较高。从设计战略的角度看,它也反映出我国家具制造企业在设计战略定位与构建方面存在的一些问题。

(1) 企业设计能力不足，战略意识缺乏

目前，我国多数家具企业既没有表现出产品的多样性，也没有体现出较高的企业间市场差异性，企业的设计能力没有得以展现。在设计能力较低的前提下，设计战略更无法加以实施。设计战略是对设计效应表现特点及其发展方向的规划和布局，是在设计活动得以顺利运行的基础上展开的。当前我国家具制造企业急需解决的是设计认知、设计能力培养的问题。在设计活动无法得以良性化、可持续化发展的前提下，企业对设计战略更是难以把控，设计战略的意识自然较低。

(2) 设计创新在企业内的地位不高，并未体现出战略效应，规模要素的经营意识仍然较重

我国家具企业近些年取得了较快发展，从规模到经济效益都有了较大的进步，但家具产品的设计产出并不显著，无论在企业内部还是企业之间，产品都存在着较高的相似性。因此，可以说在我国家具企业所取得的成绩中，设计活动所占的份额较低，设计创新更没有体现出战略价值，在企业决策中所发挥的作用不高，传统规模要素的经营方式在我国家具行业中仍然较为普遍。

(3) 以模仿为主的设计做法使得企业竞争压力增加，也难以建立起具有自身差异性的品牌形象

从企业设计的手法看，我国家具企业产品的相似度较高，即在产品的研发中以模仿现有市场上流行的或著名的家具产品为主，产品在企业内、外的差异性都较低。正如前文所述，这种方式在企业发展初期，降低了企业研发风险，使企业的资源、成本和设备等能够集中到一点，有利于增强企业在成长初期发展的稳定性。但另一方面，它也导致了企业与市场上的多数竞争对手在产品用户定位上高度相似，无形中将企业带入了竞争较为激烈的市场区间，使该企业的生存压力进一步增大。再加上较低的企业内产品多样性使得企业产品战线较窄，客户群体本身就已经比较单一，如果企业产品再落入到市场中的红海竞争区域，企业的生存压力更不言而喻。另外，长期以模仿为主，也容易使企业设计创新意识低下，设计能力得不到提升，产品设计特征缺失，附加价值含量较低，从而不利于企业转型升级的发展。

4.4.3 我国家具企业设计战略构建思路

1）由模仿到原创，提高自主原创设计能力

由上文分析可知，对于抽样的我国家具企业，多数企业的设计能力还处于起步阶段，在很多企业内，产品设计创新的效应尚未得以体现。在产品研发中，企业多以模仿或者跟随时尚潮流为主，缺乏创新精神，一味地随波逐流也使得企业无法把控产品发展的方向。另外，在选择抽样企业时，本书还发现了一些企业照搬照抄国外著名设计作品的现象，本书对此进行了剔除，以求尽可能地将目标锁定在设计创新相对成熟和知名的企业上，所以对于市场上其余的大量企业来说，设计创新的能力可能更差，产品在市场上的雷同度可能更大，模仿的现象更严重。从战略的角度上看，设计不仅仅是对产品形态外观的塑造，更是企业对产品发展的规划，是企业获取市场竞争优势的工具和策略，因此这种战略规划体现了企业对设计效应的引导和统筹，是以企业强大的设计能力所带来的设计产出为基础的[11]。目前我国家具产品的设计效应并不明显，企业设计能力难以发挥，所以要在企业中建立合理的、良性的设计战略定位与引导机制，首先要做的就是提高自主设计能力，摆脱模仿抄袭的做法，从模仿逐步向原创过渡。只有具备较好的设计能力，设计效应才能够在产品中得以体现，设计活动才能进入到企业战略规划发展的层面。

2）企业在成长中，逐步寻求自我定位，积极塑造企业设计特征语言，建立特色化、差异化的企业品牌形象

企业设计战略的构建很大程度上在于企业对产品差异性的定位，即使企业在成长初期采用仿效策略，也是为了降低风险、节约研发成本而对产品进行较低差异度定位的一种策略表现。而随着企业的发展，这种仿效措施并不能使企业在市场上占据设计优势，设计战略价值更无法体现，塑造产品的差异性形象成为必然趋势。在企业进行产品差异性战略定位的时候，要目光长远，从发展的角度把握企业未来的前景，借助各种方法工具对企业进行差异化、特色化品牌形象的塑造[12]。如通过 SWOT 的分析方法，对企业内部优劣特点、外部环境的利弊进行梳理归纳，构建四个不同的象限区间，并分析企业在每个区间的不同应对策略，进而寻求最适于企业发展的战略方法，最后通过具体的设计活动加以实现。此外，企业也可以通

过对市场同类产品的搜集，利用极坐标法将市场产品进行分类，通过对现有竞争对手产品的汇总分析，寻求市场空隙，并结合企业自身的特点制定合理的设计战略。

无论何种方式，企业要实现长久的可持续发展，都必须要在市场竞争中建立差异性的竞争优势，而随着我国家具企业低成本优势的不断减弱，产品差异性就变为企业发展的另一条思路。在与竞争对手的对比中，企业只有建立特色性的定位，通过设计所赋予企业产品的差异性，实现多样化或专一化的战略，才能在市场上获取竞争优势，通过家具产品设计特征的表现，积极促进品牌形象的传播，实现长远的发展。

3）结合企业特点，注重企业产品专一性与多样性的选择

在竞争战略中，专一性和多样性是企业设计战略的重要形式，但对于家具产品而言，有时二者并不矛盾。专一性即企业产品聚焦于一点，有利于提高资源利用率，并使企业在该方向形成行业领袖的地位，从而获取竞争优势，但同时专一性也容易使产品的阵线较窄，难以满足不断变化的多样化的用户需求。然而另一方面，对于家具产品的专一化，并不一定意味着造型形态的高度一致，它可以是目标人群的专一化，也可以是家具使用环境的专一化等。企业的多样化战略指企业产品阵线较宽，自身产品类别较广，能够满足不同审美喜好的消费者需求，因此企业的盈利点较多，当其中某一类产品出现问题时而不至于对企业造成致命性的影响。但多样化的战略定位容易导致企业难以做到精尖，使资源投入较为分散。家具产品的专一化和多样化，有时可以做到二者的统一，如在家具使用环境专一化的同时，做到产品样式的多样化等。在多数情况下，如果企业家具类别单一，并且该类别下的产品样式也单一，那么它将会给企业发展带来严重威胁。

我国家具企业在进行专一化和多样化战略选择时，可以结合企业特点，如企业的市场管理能力、生产能力、资本实力等，既可以在保证产品品质及生产销售等环节正常运行的前提下，扩大产品战线，采用多样化的战略方法，增加企业的盈利点，也可以专注于某一特长领域，聚焦于一点，形成市场领军企业，但也要在聚焦的专一领域内积极拓展多样化的产品设计特征，以做到类型专一、样式丰富，从而保证企业可以满足更多消费者的需求。

4）提高设计在企业经营和决策中的地位，逐步从规模经营转移到依靠设计附加值驱动企业发展的模式，实现转型升级

正如前文所提到的，我国家具行业近些年取得了巨大成绩，但自主创新能力仍然不高，说明目前企业经营方式仍然是以规模要素的模式为主。在以资源、材料和人力投入为主要特点的经营方式中，企业负责人的精力主要集中于生产规模的扩大、产品生产数量的增加以及生产效率的提升上，这种方式在我国成本优势逐渐削弱的环境下，企业生产的压力越来越大。我国家具企业的产品雷同度高，设计价值在产品中尚没有得到充分体现，因此企业可以尝试转换经营方式，进一步挖掘设计对企业发展的潜力，逐步提高设计在企业决策中的地位，从设计创新的角度，思考企业在市场中获取新竞争优势的可能性。

所谓企业设计战略，就是要把设计放在企业发展战略的角度，在经营中把设计作为一种重要的经营手段或者策略工具，为实现企业目标做出应有的贡献。企业要摆脱传统粗放型的发展模式，注重提升产品的附加价值，就必须将设计放在企业经营的决策层面。尤其是对我国家具行业，其产品的技术依赖度较低，风格样式对产品的影响比重较大，设计创新显得更为重要。另外，企业要充分发挥设计创新对其发展的推动作用，还要树立设计战略的观念，努力从规模要素经营方式转移到依靠合理的设计策略和较高的产品设计附加值的发展模式上，激发设计在促进企业转型升级中的潜力。

4.5　本章小结

本章主要从产业链、价值链两个层面，以设计战略定位和构建为切入点，探讨设计创新对企业转型升级的引导和驱动作用。企业设计战略引导企业向产业链两端转移，并注重提升产品的附加价值，从而表现出对企业转型升级的驱动。在设计战略的研究上，通过分析企业设计战略定位的现状，利用中意两国对比，寻求我国家具企业设计战略定位的特征及构建思路。本章是本书研究的核心内容之一，主要研究结论有：

（1）产品差异性是企业设计战略规划的重要内容之一。不同程度的差异性反

映了企业设计战略定位的特征，并且从设计创新来看，这种差异体现在企业内部产品的多样化和企业间产品的差异化两个层面，前者反映了企业设计活动的有效产出数量，而后者则体现了企业设计的原创程度。

（2）通过中意两国对比发现，我国大多数企业在两个层面的差异度都较低，说明企业设计能力不高，但同时也有少数企业已经开始重视设计活动，并在企业间差异度上有所体现。

（3）我国家具企业设计战略定位及构建的思路。企业在设计战略制定上，应考虑不同的企业间差异性及企业内多样化战略定位的利弊，结合企业发展特点，选择合理的设计策略。从长远来看，企业应注重设计战略规划的建立，从模仿向原创设计转变，做到专一性和多样性有机结合，并积极让设计更多地参与决策，引导企业向设计研发及高附加值产品方向转移，驱动转型升级。

参考文献

[1] 蔡军.设计导向型创新的思考[J].装饰，2012(04):23-26.

[2] 迈克尔·波特.竞争战略[M].北京:华夏出版社，2012.

[3] Verganti R. Design, Meanings, and Radical Innovation: a Meta Model and a Research Agenda[J]. Journal of Product Innovation Management, 2008, 25(5):436-456.

[4] Michele S, Cabirio C, Francesco Z. Product Design Strategies in Technological Shifts: an Explorative Study of Italian Design-driven Companies[J]. Technovation, 2014, 34(11):702-715.

[5] Chen K, Owen C L. Form Language and Style Description[J]. Design Studies, 1997, 18(3):249-274.

[6] 陈于书，熊先青，苗艳凤.家具史[M].北京:中国轻工业出版社，2009.05.

[7] 章彰，程建新，许柏鸣，等.意大利设计驱动型家具企业椅产品的设计方法与途径[J].林产工业，2016,43(04):3-6.

[8] 花景勇，马超群，何人可.企业产品设计战略的基本内容与方法工具[J].包装工程，2015(05):72-84.

[9] 杜党勇，叶广宇，蓝海林，等.高差异战略的选择与实施[J].企业经济，2002

(01):98-100.

[10] 项保华,李庆华.企业战略理论综述[J].经济学动态,2000(07):70-74.

[11] 刘键,戴俭.我国工业设计产业竞争力分析与发展对策研究[J].管理世界,2017(05):182-183.

[12] 李永斌.设计策略决定企业品牌形象[J].艺术科技,2016,29(09):17-18.

5 设计路径对生产要素优化升级驱动研究

从转型升级的角度来看，企业对设计活动的投入有利于激发无形要素投入对企业发展所展现出的价值，从而达到优化企业生产要素配置、实现转型升级的目的。从我国家具企业现阶段对设计活动的投入来看，随着设计意识的不断增强，尤其是当设计在其他行业内展现出巨大效用之后，国内一些企业开始大幅地提高设计投入，然而设计的绩效产出却并不能让人满意，一些企业甚至还处于了高投入、低产出的尴尬境地。本章将从"企业设计创新投入——设计能力表现——设计绩效评价"的路径出发，对我国家具企业设计创新投入的重心、设计方向及其绩效表现形式展开研究，以求为企业更合理地优化设计资源配置、激发设计绩效产出提供相关理论指导和参考，促进企业通过设计创新在生产要素的优化配置层面驱动转型升级。

5.1 研究方法

5.1.1 路径依赖概念

所谓路径依赖，其概念最早源于生物学领域，主要形容一些偶发因素影响了物种进化的方向和过程。后来，西方新制度经济学的代表人物诺斯，第一次明确使用这一词汇分析了欧美经济史与制度演化的规律，由此路径依赖理论逐步发展为经济学领域中关于制度研究的重要工具[1]。再后来，美国经济学家 David 又利用这一原理来解释经济学理论中技术创新变迁的问题，于是路径一词越来越多地出现在制度演变和技术变迁两个方向的研究之中[2]。

另外,也有文献指出,路径依赖的概念类似于物理学中的"惯性",主要用以形容过去的某种行为和选择对现在、未来所造成的某种特定影响,并且主体一旦进入到这种路径形式之中,就会沿着这种特定的路径发展下去,并呈现出某些必然的结果[3]。

目前,学术界仍然没有对路径依赖形成一个统一的认知概念。学者 Tomas Shelling 认为,路径依赖表现为经济领域中的某种结果依赖于行为发生的顺序[4]。而 Katz 与 Shapiro 等人则在其研究中指出,生产企业所选用的技术标准将会对企业未来的技术竞争以及市场占有份额带来直接的影响,这种作用形式即表现为路径依赖现象[5]。上文提到的 David 又指出:分析较长的时间序列和一些偶发事件,对于预测经济体未来的发展具有重要的作用。由此他揭示了路径依赖对经济学的重要意义,并认为路径依赖指向的是一个动态的系统和过程,它受以往状态方式的影响并且无法轻易摆脱过去的轨迹[2]。经济学家 Arthur 则从企业收益的角度对路径依赖理论展开研究,他认为路径依赖是一个随机的动态过程,经济体收益的递增或递减与其对资源的投入配置直接相关,递减的收益是由资源投入的负反馈机制造成的,而正反馈机制则会使企业产生自我增强效应并带来收益的递增。另外,一旦企业选择了某一路径,无论是有意还是无意,这种选择就会被锁定,经济体就会被引导着向既定的方向发展。除此之外,North 也提出了与 Arthur 一致的观点,只是他还提出要增加外部效应的干涉,使得经济体向着良性的路径扭转[6]。

尽管学者们从不同的角度对路径依赖理论做出了阐述,但从中也可以得出一些关于"路径依赖"的共同特点:

(1) 路径依赖,指的是一种状态演化的过程,它包含了时间因素,并且表现出动态发展的特点。

(2) 路径依赖带有滞后性质的结果属性,这种结果属性是由前期的各种行为因素所导致的一种必然发展趋势,有时也可将其称为"惯性"。因此,路径依赖带有一定的可预见性。

(3) 在某些情况下,有意识地增加某些积极有效的外部干涉,可以使路径结果向着积极有益的方向发展。

5.1.2 企业创新路径与转型升级的关系

创新路径,即企业创新活动过程中所体现出来的"路径依赖"特征,表现为创新因素集群、动态发展特点以及由之产生的“惯性”发展结果等，并且根据上文分析，积极的主观外部因素的干涉能够影响创新过程向着特定的发展方向转移。在创新路径的这些内容中，企业所能够介入的也主要表现为对创新因素的干涉，即根据创新路径的特征，通过对创新要素的配置做出积极改变，以引导创新绩效的产出。

从另一个角度看，创新绩效的表现也直接关系着企业在创新活动中的智力、知识以及对设计活动的管理等多方面要素投入的产出效果，并且这些无形要素对企业整体经营活动中的要素配置具有重要的影响。高效、有针对性的要素投入能够使得企业要素配置效率最大化，并且如果这些要素投入以无形要素为主，则又可以从企业整体要素投入的角度，大幅度提升无形要素对有形生产要素的比重，达到总体生产要素优化的目的，并有利于促进企业从生产要素配置的角度实现转型升级。相反，如果企业要素投入的产出效益比较微弱或者甚至没有效益体现，则又会拉低企业要素配置的效率，并且即使这些要素类型以无形要素为主，那么也无法实现企业通过提升无形要素在整个要素配置中的比重来实现转型升级的目的。因此，对设计创新路径进行研究，识别其中对设计绩效产出具有正向作用的无形要素成分，使企业有针对性地通过增加这些要素对创新路径的干涉，能够更好地引导创新路径的结果向着积极的方向发展和转变，进而提升无形要素的产出效率，促进企业在整体生产要素投入层面中的无形要素比重，最终实现通过生产要素配置的优化驱动我国家具企业转型升级的实现。由此可见，企业创新路径的形态，对于设计创新从生产要素配置的角度驱动企业转型升级具有重要的影响。

5.2 研究方法

5.2.1 创新路径划分

从搜集的现有文献看，目前有关创新路径的研究较多，研究的角度也比较广泛。另外，由于企业设计创新理论尚属于较新的研究领域，当前对企业创新的研究多以市场和技术创新路径的研究为主。

熊鸿儒等人从市场的角度对企业创新的路径进行分析，他们将路径划分为“客户需求——客户价值——市场表现”三个阶段，认为客户需求反映了客户的价值特征，而客户价值又引导了新市场表现的发展趋势，三者之间存在着一定的因果影响关系[7]。武建龙等人在研究战略新兴产业的技术创新路径时,也提出以“路径起点——突破方向与重点——突破过程表现”作为创新路径分析的主线,在对三个阶段的划分中也表现出明确的时间过程概念[8]。另外,傅晓霞等人在研究后发国家经济追赶机制时,又提出了“物质要素组合投入——创新研发效率及技术开放能力——创新收益”的路径划分方法,并以此构建了基于后发经济特征的内生技术进步增长模型,他们将生产者行为(包括劳动、资本以及中间投入)看作是物质要素的组合投入,同时还兼顾了创新者的行为态度,如对新技术是采用改造、吸收再创新还是采用引进、模仿等行为;在创新效率方面,他们又主要以要素产出作为主要的衡量依据,而在技术开放能力方面则以技术的贡献强度和可替代性作为指标;在创新收益方面主要以经济增长速度、人均收益水平等作为参考[9]。从他们的研究中可以看出,要素投入作为路径划分的起点,过程表现作为路径过程的中介,而收益则作为结果表现,即路径的落脚点。

从以上文献可知,在以路径为对象的企业创新研究中,对路径阶段的划分是研究的主要框架,直接体现了研究的整个过程以及相关因素的确定,并且路径阶段的划分也多遵循这种时间顺序,以“前期——中期——末期”三阶段作为主要的划分方法。另外,在划分时又要遵循某种内在的因果关系,如前期活动对中期表现的影响,以及中期表现对末期成效的作用等。因此,创新路径的划分,在前期多指向因素群,如资源、人力、财力、设备的投入程度,还涉及抽象的经营者态度行为等方面;在中期阶段,多以过程表现为主,如效率、速度、能力等作为指标,以反映前期因素投入的直接效应表现;而在末期阶段,则主要集中于对结果的表述,如收益、利润、市场占有率、认知度等方面,用以体现整个过程的产出效果,多指向绩效水平。基于此,现有研究对路径阶段划分的主要思想如图 5.1 所示。

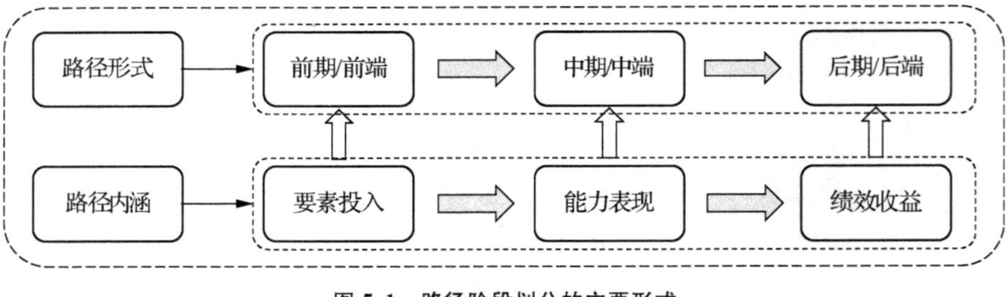

图 5.1 路径阶段划分的主要形式

5.2.2 设计创新路径阶段的确定

在设计创新路径的研究方面，国内也有一些学者进行了积极的探索。俞湘珍等人研究了企业设计能力培养的相关影响因素，提出了“技术能力——产品意义创新能力——创新绩效”的研究路径。她认为，在企业设计创新的过程中，技术能力发挥着重要的作用，并对创新绩效的表现起着正向作用，同时设计创新对产品的处理表现为对语义的塑造过程，它同样也对创新绩效起着促进作用，并且这种语义特征的表现是以中介的形式发挥的，即技术能力促进设计活动对产品语义的塑造，而这种新的产品语义符号又会带来最终的绩效表现，由此形成了技术影响设计创新的过程，最后她还通过实证方式对该路径进行了验证[10]。另外，陈雪颂等人还探讨了设计驱动式创新的机理过程及因素，他们提出了“设计资源——设计创新能力——创新绩效”的机理路径。根据该路径，他们认为设计资源的投入对设计创新能力的提升具有明显正向作用，并且二者都会影响到企业创新绩效的水平。其中，他们又指出设计资源又可分为影响设计活动的外部设计资源（如文化风俗、外部技术水平等）和内部设计资源（如信息化程度、设计人员素质、计算机设备等）两个方面，这些因素都属于企业的前期要素投入部分；设计创新能力又主要指对产品与消费者之间关系的重新塑造水平（如易用性、功能性、审美性、对用户生活方式的影响等），而设计绩效又主要体现在新产品的数量、知识产权数量、新产品开发速度等方面[11]。陈国栋等人还研究了设计团队的知识交流与企业创新绩效的关系，构建了“信息交流、管理政策——知识流动——创新绩效”的结构模型，他认为信息的交流以及积极的引导与管理政策，可以促进知识在设计团队内部的流动，并对企业创新绩效产生正向的作用[12]。叶伟巍等人还构建了“行为——能力——绩效”的创新路径，他把“行为”定义为技术学习、市场研究、文化挖掘三个方面，“能力”定义为功能设计能力和语义设计能力，而“绩效”则包括新产品开发速度、成本、市场份额等方面。他通过实证研究证实了企业行为影响设计能力的发挥，并且设计能力又直接作用于创新绩效的表现[13]。

另外，在国外的相关研究方面，Chiva 和 Alegre 等人对企业设计投入与企业绩效之间的关系做出实证研究，通过研究他们证实了设计投入对企业绩效具有显著的正向作用，并且认为这种正向作用是通过设计能力这一中介变量来实现的[14]。同时，Gemser 和 Leenders 也在他们的研究中证实了设计活动本身对企业绩效的正相关性，并且认为企业增加对设计活动的投入可以使得这种绩效变得更为显著[15]。

由以上文献可见，现有研究对设计创新路径的界定也大多从“前期投入——设计能力表现——设计绩效”三个方面进行划分，其中前期投入多指影响设计活动的企业行为、资源、条件配置等方面，也即设计的驱动要素；中期阶段多围绕设计创新的能力特征属性进行界定，如语义塑造能力、功能属性塑造能力等；后期阶段又多落脚于设计产出和收益等方面。

5.2.3　假设模型的提出

由于本章内容主要是研究企业对设计创新的投入要素与企业设计能力之间、企业设计能力与设计绩效表现之间的关系，以为我国家具制造企业优化设计资源配置，引导设计创新的方向，充分激发设计绩效等提供理论和案例指导，因此在借鉴现有文献对设计路径划分方法的基础上，综合我国家具企业和家具产品的特点，本书拟采用“企业设计创新驱动的要素投入——设计创新能力表现——设计绩效评价”作为本章研究企业设计创新路径的主要形式。

另外，不同于现有一些文献中对设计路径内涵的阐述，本书所提出的设计创新路径有着自身的侧重点，主要体现在以下方面：

(1) 在设计创新的驱动要素方面，本书主要侧重于企业对设计活动的软硬件投入，而并不讨论上文文献中所提到的文化风俗等社会中统一的外界因素，即主要集中于企业内部要素的投入。另外，由于家具产品对技术的依赖度较低，本书对设计驱动要素的定义也不仅仅局限在技术范畴之内，并且也不以技术因素为主。

(2) 在设计能力表现方面，本书从设计活动本身的特征以及家具产品设计特征的角度出发，不仅仅包含以上文献中的语义层面、功能层面等，还考虑到设计师对设计创新点的选取能力、挖掘能力以及表现能力等。其中：选取能力主要指企业在设计活动过程中对新产品创新方向的确定，如在造型、色彩、使用方式、功能等方面对新产品创新重心的选择；挖掘能力主要指企业对产品创新的程度是否适宜，是否既考虑了用户的接受度又拉开了与其他同类产品的差异；而表现能力主要指企业设计活动是否使用户容易理解并易于使用新产品的创新之处，而且由此带来的成本变化是否控制在企业可接受的范围之内。

(3) 在研究对象方面，不同于上述文献，本书主要在我国家具制造行业内对设计路径各阶段展开研究，所有变量只从该类企业范围内进行选取，调研数据也只来源于该类企业。

由以上构建的“设计驱动要素——设计能力表现——设计绩效”路径形式，本书提出以下假设：

H_1：企业的设计要素投入越高，企业设计能力就越高；

H_2：企业设计能力越高，企业的设计绩效就越高。

5.2.4 研究变量确定

1）设计驱动要素变量的确定

如上文所述，本书主要在企业内部选取相关的研究变量。Hertenstein 在其文献中指出，企业对设计活动的资源投入主要集中在四个方面：设计师的工资报酬、设计咨询的费用投入、设计项目进展过程中的资金投入以及计算机等辅助设备的投入和损耗等[16]。Swan 等人则主要依据企业对设计活动的时间投入、资金投入等方面探讨企业活动与企业绩效之间的关系[17]。另外，Hollanders 等人还从设计人员数量及其在研发过程中的地位等因素探讨区域设计创新能力的评价问题[18]。另外，结合现阶段我国家具制造企业的状况，设计创新在企业内仍处于起步和发展阶段，企业负责人对设计创新的意识和重视程度会对设计活动的开展产生一定影响，并且设计师的教育背景等因素也会在设计过程中发挥重要作用。

因此，本书在已有相关文献的基础上，选用现有文献中的企业技术对设计活动的支持水平、设计经费投入、设计师数量投入、设计辅助工具与设备投入作为设计驱动要素的变量指标，并且又将企业负责人对设计的重视程度、设计师的教育背景两个变量一并归入到驱动要素之中。

2）设计能力变量的确定

Christense 等人认为企业的设计能力主要表现在产品的功能和美学两个方面，这两个方面分别对应着产品满足消费者实用需求和审美需求的程度，也反映了企业对产品的功能设计能力与产品特征的设计能力[19]。另外，Verganti 等人也指出设计创新是对产品语义的塑造，这种语义包含了新产品所反映出来的文化、风俗、审美等特性[20]。Dell’era 在其构建的设计驱动式模型中也将功能植入到衡量企业设计活动的变量之中[21]。Rindova 等人还认为在设计创新活动中，设计师可以对产品的功能、美学及符号象征性进行处理，这里提到的美学和符号主要指的就是产品的形态、色彩、肌理等产品特性[22]。Roy 等人又指出在产品设计过程中，设计师可以尝试采用新技术、塑造新风格、提高产品性能、使产品易于使用等[23]。Zurlo 则指出，对于技术密集度较低的产品，设计师的创新重心主要集中于塑造产品的风格和潮流上[24]。此外，辛向阳还提出随着人性化设计理论的不断深化，产品设计的对象从产品本身逐渐转移到用户行为上，设计过程也越来越注重对用户行为和使用方式的引导[25]。

对于家具行业而言，产品对技术的依赖度较小，家具的设计特征主要依靠其三维外观形态来体现，设计师的设计意图(如美学价值、功能革新、用户体验提升、文化语义表达等)最终都会体现在产品的外观属性上。因此，在以上研究文献的基础上，本书选取家具产品的造型、CMF、功能以及使用方式作为企业设计能力的主要研究对象。其中，"CMF"主要指家具产品的色彩、材料和表面装饰工艺，如家具表面图案、肌理、光滑或粗糙程度的处理等等；"功能"主要指家具功能的多样化程度、舒适性程度(如对人体工学的设计考量)等；"使用方式"主要针对多功能家具，还包括部分需要用户进行一些操作才能顺利实现其基本或全部功能的家具产品，该指标用来衡量使用这些家具产品所需的用户行为操作的复杂程度，即产品在使用体验上的变化。由此，本书在确定设计能力的变量时，以上文所述的企业对产品造型、CMF、功能、使用方式的选取能力、挖掘能力和表现能力作为企业设计能力的变量指标。

3) 设计绩效变量的确定

在设计绩效的衡量指标上，Cooper 等人提出以财务变动状况、市场份额以及新的市场机遇三个层面来评价新产品的绩效[26]。同样，Lee 则认为对于技术密集度较低的传统制造性行业而言，企业的设计绩效主要体现在人体舒适性、产品市场占有率及回收量等方面[27]。我国学者叶伟巍等人在其研究中还采用新产品开发速度、成本变化、市场份额增长等指标来衡量企业的设计绩效，并探讨了企业技术学习能力与设计绩效之间的关系[13]。此外，法国学者 Anselin 还将设计绩效分为两种类别，即直接绩效和间接绩效，其中直接绩效主要包括新产品销量、品牌传播等，而间接绩效主要指产品的优化程度、对创新的激发能力以及对新技术的整合程度等[28]。

根据以上文献对设计绩效的分析，结合家具产品设计创新的特点，本书选用企业专利数量、新产品更新速度、新产品收益提升水平、市场占有率提升度以及企业品牌增值程度作为企业设计绩效的变量指标。

由此，本书对设计路径三个阶段中的变量指标都得以确定，具体如表5.1所示。

表5.1 研究变量

变量	指标	解释
设计驱动要素投入(Inv)	企业负责人重视度(att)	企业负责人对设计活动认知和重视程度
	设计师教育背景(edu)	设计师曾经接受设计教育的经历及程度
	企业技术对设计的支持(tec)	企业技术对设计实现所提供的支持水平
	设计师数量投入(lab)	企业参与设计项目的设计师人数
	设计经费投入(mon)	企业对设计项目的经费支出
	设计工具设备投入(too)	企业对设计活动的硬件支持水平
设计能力(capacity)	造型(for)	对产品外观形态的设计能力及表现程度
	CMF(cmf)	产品色彩、材料、表面处理工艺的设计能力及表现程度
	功能(fun)	产品功能扩展或缩减程度以及人体舒适度等
	使用方式(usa)	产品在使用方式、使用体验的变化程度
设计绩效(performance)	专利数量	主要包括外观和实用新型专利
	新产品更新速度	用以衡量设计工作的效率
	新产品收益提升	反映新产品的利润状况
	市场占有率提升	反映企业产品的市场接受度
	品牌增值	反映设计对品牌知名度、忠诚度、满意度的影响

5.3 研究实施

5.3.1 计算方法

在研究方法上，根据 Gefen 等人的观点，在需要分析模型路径的具体作用机理时，回归分析的方法比结构方程更能体现出各自变量相对于因变量之间的关系[29]，并且本章的主要研究目的也在于分析企业设计要素的配置问题，以及设计方向的选取问题等。基于此，本书拟采用回归分析的方式对三个阶段中的各个变量进行处理。同时，根据前文提出的假设模型，本书建立以下方程：

对于企业设计投入与设计能力之间的关系，建立方程①：

$$capacity=\beta_0+\beta_1 att+\beta_2 edu+\beta_3 tec+\beta_4 lab+\beta_5 mon+\beta_6 too+\mu \quad ①$$

对于企业设计绩效与设计能力之间的关系，建立方程②：

$$performance=\beta_0+\beta_1 for+\beta_2 cmf+\beta_3 fun+\beta_4 usa+\mu \quad ②$$

另外，在数据处理时，仍然首先对各个变量的数据进行标准化处理，以便于不同量级的数据之间可以相互运算。再者，采用回归分析的方式对本书提出的两个方程进行分析时，需要分别寻求一个能够体现企业设计能力和设计绩效的综合数值，作为以上两个方程计算过程中的因变量。为此，本书采取的处理方法为：

首先对每份问卷中有关设计能力——“造型”“CMF”“功能”“使用方式”四个变量分别进行标准化处理，然后通过专家评价法对四个变量的重要性进行两两对比评价，再借用 AHP 层次分析法对两两变量间的重要性数值构建矩阵，接着对矩阵数值进行合并计算，从而求得每个变量在构成设计能力时的权重数值，最后根据求得的各变量权重计算最终的设计能力综合数值[30]。同样，对每份问卷中设计绩效的综合数值也同样采用标准化、专家评价法以及 AHP 层次分析法获取“专利数量”“新产品更新速度”“新产品收益提升”“市场占有率提升”以及“品牌增值”各变量的权重，并最终求取设计绩效总的体现数值。

5.3.2 样本选取

本书的调研对象主要集中在我国家具企业分布较为集中的产业聚集区，同时又兼顾设计创新能力较强的家具企业，如遵循第五章在选取企业时提到的原则，即参加过一些较为著名家具展以及获得一定设计奖项的家具企业等。从地域上来看，这些企业大多集中在我国珠三角和长三角地区等；从体量上看，这些企业既包含了一些成立较久的大型家具企业，也包含了许多中小型的家具制造企业。另外，从企业设计意识上看，调研的企业还包含了一些知名设计师服务和创立的家具企业。

本次调研主要通过访谈和问卷的形式展开，部分问卷在家具展会期间对参展企业直接发放，另外也有一些问卷是通过网络形式对家具企业员工进行调研的，同时还进行一定数量的实地走访调研。在调研人群的选择上，主要以企业设计人员、企业高层负责人作为主要对象。

本次调研共回收问卷 156 份，其中有效问卷 120 份。

5.3.3 数据获取与处理

本书在调研时，主要采用 Likert 9 级量表法进行（1 代表程度较轻，9 代表程度较重），详细的访谈和问卷内容见附录 4 和附录 5。另外，为使访谈和调研对象能够清晰地了解本次调研的目的和各项变量指标的具体内涵，尽可能地使数据反映出企业的真实状况，确保结果的客观性和准确性，本书在发放问卷时对各题项的内容进行了通俗易懂化的表达处理。

在数据处理上，本书主要采用 SPSS 22.0 版本进行分析。

5.4 研究结果与分析

5.4.1 信度与效度检验

关于信度检验，本书以 Cronbach 的 α 系数作为信度检验的标准。通过对前文构建的设计路径三个阶段及各个阶段中的变量数值分别进行处理，以求得 Cronbach 的 α 值来评价模型信度，即分别对“设计创新驱动要素投入”“设计能力表现”“设计绩效”三个内容的变量指标求其 Cronbach 的 α 值。通过计算，得到的结果如表 5.2 所示。由结果可知，三个潜变量的 Cronbach 的 α 值都满足了数值大于 0.7 的标准。另外，从对三组潜变量分别进行分析求得的 Corrected Item-Total Correlation 数值来看，所有变量的数值都满足大于 0.35 的要求。因此，可以认为本模型具有较高的信度。

关于效度检验，本书对设计路径的架构是建立在已有众多研究文献成果的基础之上的，并且在各潜变量反映指标的寻求上，也是结合企业实际和设计创新自身的特性，还借鉴了现有文献中的已有变量指标。这些文献大多经历了实证研究的推理和分析，体现出较强的合理性，并被许多文献所引用且证实有效[13],[11],[31]。

因此,可以认为本书构建的量表形式满足效度要求。

表 5.2　信度检验结果

<table>
<tr><th>项目</th><th>变量</th><th>Corrected Item-Total Correlation</th><th>Cronbach 的 α 值(若项目删除)</th><th>Cronbach 的 α 值</th></tr>
<tr><td rowspan="6">设计要素投入</td><td>领导重视度</td><td>0.409</td><td>0.799</td><td rowspan="6">0.800</td></tr>
<tr><td>设计师教育背景</td><td>0.485</td><td>0.786</td></tr>
<tr><td>技术支持</td><td>0.620</td><td>0.753</td></tr>
<tr><td>设计师数量</td><td>0.635</td><td>0.749</td></tr>
<tr><td>设计经费</td><td>0.481</td><td>0.785</td></tr>
<tr><td>设计工具</td><td>0.713</td><td>0.734</td></tr>
<tr><td rowspan="4">设计能力</td><td>造型</td><td>0.792</td><td>0.618</td><td rowspan="4">0.783</td></tr>
<tr><td>CMF</td><td>0.725</td><td>0.676</td></tr>
<tr><td>功能</td><td>0.398</td><td>0.830</td></tr>
<tr><td>使用方式</td><td>0.508</td><td>0.774</td></tr>
<tr><td rowspan="5">设计绩效</td><td>专利数量</td><td>0.748</td><td>0.796</td><td rowspan="5">0.847</td></tr>
<tr><td>新产品更新速度</td><td>0.720</td><td>0.805</td></tr>
<tr><td>新产品收益提升</td><td>0.603</td><td>0.830</td></tr>
<tr><td>市场占有率提升</td><td>0.566</td><td>0.839</td></tr>
<tr><td>品牌增值</td><td>0.707</td><td>0.803</td></tr>
</table>

5.4.2　回归模型检验

本书通过 SPSS 22.0 软件对两个方程分别进行数据回归分析,其结果如表 6.3 和表 6.4 所示,并且各个变量指标在回归分析过程中的 VIF 数值都位于[1.257,3.554]的区间内,因此符合 $0<VIF<10$ 的要求,故而可以认为回归模型中的各组数据间不存在多重共线性问题。另外,在两次方程的回归分析中,$D-W$ 的值分别为 1.638 和 2.046,满足[1.5,2.5]的范围要求,即位于数值“2”附近,因此也可以认为两个方程都不存在序列相关性的问题。

5.4.3 “设计要素投入——设计能力”结果与分析

基于以上研究方法，本书对调研的企业设计能力的各变量指标数据，利用SPSS 22.0 软件进行标准化处理，并根据各指标的权重，求得各有效问卷中设计能力的综合体现数值，进而再对方程①进行回归分析，得出的结果如表 5.3 所示。

表 5.3 “设计要素投入——设计能力”回归分析结果

变量指标	回归系数	T 值	VIF
领导重视度	0.435***	4.814	1.425
设计师教育背景	0.323***	2.940	2.100
技术支持	0.180*	1.774	1.788
设计师数量	−0.195*	−1.892	1.858
设计经费	0.017	0.183	1.489
设计工具	0.305**	2.578	2.434
方程 F 值：20.195，显著性：0.000；调整后 R 平方：0.661，$D-W$：1.638			

注：因变量：企业竞争力；*** 表示 $p<0.01$，** 表示 $p<0.05$，* 表示 $p<0.1$。

方程①回归结果，反映了所调研家具企业的各项设计投入要素对企业设计创新能力的影响。由表可知，从整体看，方程的显著性接近于 0，满足小于 0.05 的要求，因此说明方程成立，即企业对设计驱动要素的投入能够显著地提高企业的设计能力。从各个要素的关系看，企业领导层对设计活动的重视程度与设计师的教育背景两个指标对企业设计创新能力具有较为显著的正向作用，其次是企业对设计活动的设备工具投入和支持水平也有一定的正向促进作用，最后是企业的技术支持水平同样对设计能力表现出正向作用，但这种作用比较微弱。相反，企业设计师的数量投入则表现出微弱的负面作用。另外，企业对设计经费的投入与企业的设计能力二者之间并未表现出明显的正负相关性。

从原因分析看，本书认为产生这些结果的主要原因在于：

(1) 企业领导层的重视程度对企业设计能力具有比较显著的正向作用，其原因在于，领导层对设计重视，说明企业负责人的设计创新意识较强，对设计价值具有较为深刻的了解，因此在经营活动中也更加注重对设计活动的引导与激发，从侧面促进了设计在企业中地位的提升，使得设计越来越多地参与企业决策活动，并在其中发挥更为重要的作用。设计的战略地位越高，企业就越倾向于向设计主导型企业发展，设计活动在企业中得到的支持也就越多，因此设计能力也就更容易得到提升并表现出来。

（2）设计师的教育背景对设计能力表现出显著正向作用，主要原因在于良好的设计教育使得设计师对设计方法和理念的掌握较为透彻，能够更好地发掘市场空隙和用户需求，对未来产品发展趋势的把握更加准确，并且在产品设计过程中也能更好地处理新产品的形态、功能和结构等问题，进而准确表现出产品语义，使得企业设计能力得到提升，因此设计师的教育背景对企业设计能力具有显著正向促进作用。

（3）在企业的技术支持方面，其对设计能力表现出正向作用，但这种作用较为微弱。本书认为其主要原因在于，家具产品对技术的依赖度较低，其产品最终的设计特征对技术变革并不敏感，设计师在设计过程中对技术的利用率较低。另外，家具企业技术的变化有很多都集中在生产流程环节，它们能够极大提高生产效率，却对最终产品属性的影响相对较小。但另一方面，也有部分技术形式能够改变现有家具的材料、色彩、纹理等，这些对设计能力指标中的 CMF 具有重要的影响。同时，随着智能家居概念的出现，一些智能技术也被慢慢移植到家具产品中，使得家具产品出现了新颖的功能和使用方式，二者同样是企业设计能力的重要指标，但目前这类智能产品在市场上数量稀少，所以使得回归分析中企业技术对设计能力的正向促进作用较为微弱。

（4）对于企业的设计工具和设备投入，其对设计能力表现出稍强的正向促进作用。本书认为原因在于，这些设计工具和设备等硬件资源，不仅可以使企业设计师更好地获取市场和用户数据，把握设计方向，而且还可以优化设计过程，提高设计效率，并且在设计效果的呈现及调整等方面表现出较大的积极作用，极大地方便了新产品在生产之前的评估过程，降低了研发的风险，因此它们对设计能力表现出了较强的正向作用。如现阶段流行的虚拟现实技术和 3D 打印技术，前者可以更准确地捕捉用户与产品之间的交互数据，而这些原始数据则可以为设计创新提供强有力的参考；而后者则可以使设计创意的表现更快速、精致和直观，更好地凸显了设计的特征，还极大方便了设计师对设计效果的调整，减少了设计失败的风险。

（5）设计师数量对企业设计能力表现出微弱的负面作用，本书认为其主要是由于目前很多企业对设计师的定位出现偏差、设计师能力参差不齐以及设计效率低下等因素造成的。近几年，我国家具行业内设计师数量有了大幅度提升，但这些设计师很少真正参与到原创设计过程中，并且他们往往资历较浅，在设计决策中难以发挥较大作用。另外，在企业内通常也有一批资历较老的员工，他们多是从其他环节中加入设计师的队伍中来的，由于这部分人并未接受过专业的设计教育，其设计思维局限性较强，但又由于他们在企业内的资历较高，在设计研发过程中往往话语权较大，直接影响了设计方案的选择，因此不利于企业设计能力的提升，使得设计师数量对企业设计能力表现出微弱的负相关。此外，由于目前我国多数家具企业对设计创新仍然处于摸索阶段，很多设计师的工作效率较低，同样也会使设计师数量投入与企业设计能力之间呈现出负相关性。

(6) 另外，企业的设计经费投入与设计能力之间并未表现出正负相关性。本书认为原因在于，目前部分企业对设计流程及其运行机制的认知不够，在产品研发中出现了方向偏差，或者企业设计投入的重心出现了错误，使得企业设计活动投入巨大但收入甚微，从而导致二者之间的关系并不明显。

5.4.4 “设计能力——设计绩效”的结果与分析

根据上述方法，本书利用 SPSS 22.0 软件对企业设计绩效各变量指标的调研数据进行标准化处理，并求得各有效问卷中设计绩效的综合体现数值，进而再对方程②进行回归分析，得出的结果如表 5.4 所示。

表 5.4 “设计能力——设计绩效”回归分析结果

变量指标	回归系数	*T* 值	*VIF*
造型	0.596***	4.360	3.554
CMF	0.355***	2.850	2.95
功能	0.021	0.251	1.257
使用方式	−0.145	−1.317	1.522
方程 *F* 值：33.788，显著性：0.000；调整后 *R* 平方：0.690，*D*−*W*：2.046			

注：因变量：企业设计绩效；*** 表示 $p<0.01$，** 表示 $p<0.05$，* 表示 $p<0.1$。

表 5.4，即方程②的回归分析结果，反映了企业设计能力的各项变量指标对企业设计绩效的影响。由表可知，方程的显著性接近 0，因此说明方程成立，即企业设计能力的提高，能够显著地增加企业的设计绩效。从各要素与设计绩效的关系看，企业的造型设计能力与 CMF 的设计能力对企业的设计绩效表现出了比较显著的正向促进作用，而在功能和使用方式两个方面的设计能力则与企业设计绩效并没有产生任何程度的正负相关性。

从原因分析看，本书认为其主要原因在于：

(1) 企业对家具产品的造型和 CMF 两项设计能力指标都与企业设计绩效变量指标中的外观专利数量直接相关，使得二者与设计绩效的关系更为紧密。另外，近些年我国企业的知识产权保护意识也在不断提升，企业更加注重产品造型风格的变化，再加上国家知识产权局也简化了专利申请的流程和手续，大幅度提高了审批的效率，也使得企业更有意识地通过产品造型和 CMF 两个设计方向申请专利保护，从而使得设计绩效得以提升。此外，对于家具产品，其技术密集度较低，设计特征也主要表现在造型和 CMF 上，所以新产品的更新也多以二者作为主要的设计创新点，使其与设计绩效中的"新产品更新频率"指标关系紧密。另外，多数消费者在购买家具时，产品的形态、色彩、材料、肌理、质感以及表面处理效果等是消费者考虑的重点，也是影响家具审美效果、室内空间装饰效果的关键要素，并且造型和 CMF 也是刺激消费者感性消费的重要因素，因此导致了企业在这个两个方面的设计能力与企业设计绩效中的收益、市场等指标关系较强，有利于二者对设计绩效表现出较强的正向作用。

(2) 对于功能和使用方式，二者都没有表现出与设计绩效存在任何正负相关性。本书认为其原因主要在于，家具产品功能的实现对技术含量的要求较低，产品功能同质化比较严重，并且这类产品多为人所熟知，人们长久以来对家具形成了固定的操作习惯和使用方式，因此产品功能和使用方式的改变极有可能会给客户带来不适应性，从而难以被用户所接受，导致产品市场占有率较低，影响了二者对设计绩效的整体效用。此外，对家具产品功能和使用方式的创新，大多也需要对产品工艺和结构做出相应的变化，这难免会造成产品成本的提高，也容易给产品质量带来一定的负面影响。这些原因都会影响企业在产品功能和使用方式方面的设计能力与企业设计绩效之间的关系，进而从整体角度综合分析，导致了二者对设计绩效的正负相关性并不显著。

5.5 对转型升级下的企业设计实践启示

根据上文对两个方程的分析可知，设计创新对我国家具企业的发展具有显著的促进作用，但在企业开展设计活动的过程中又要注重对整条设计创新路径的疏通，在不同环节有意识地选择不同的侧重方向，从而使设计投入与设计方向有的放矢，并且极大提高这些设计要素投入的产出效率，以达到优化企业生产要素配置，驱动企业转型升级的目的。具体来讲，本章结果对目前我国家具企业的启示主要有：

（1）从设计活动与企业发展的角度来看，本章提出的两个假设方程均表现出较高的显著性，说明设计活动对企业绩效具有较强的正相关性，即设计创新可以强有力地驱动企业的发展。目前，我国家具企业处于转型升级的关键阶段，传统的要素规模经营方式受到较大的限制，企业面临的国内外竞争也越来越激烈。在这种环境压力下，企业应该重新审视现有的经营思路，从硬件资源投入逐步转移到软性创新实力的培养上，如积极开展设计活动，激发设计创新对企业发展的驱动作用等。设计创新不同于要素规模经济，它着重于提升产品的附加价值，扩大企业的品牌认知度，对企业发展的驱动效用更强且更为持久。相反，要素规模式的经营模式，则主要追求数量优势，依靠体量的增加来获取利益。当市场中的产品供大于求时，消费者转向于选择具有较高附加价值的产品，因此设计创新的效用变得更为重要，企业也就随之需要转换经营模式，向设计密集型企业转型。发挥设计创新对企业发展的驱动作用，需要企业提升对设计的认知，增强对设计的重视程度，让设计更多地参与企业决策活动，并为设计活动的顺利开展提供便利的组织、资源以及制度保障等，打通“设计驱动——设计能力——设计绩效”整条路径形式，树立长远意识，制定设计创新可持续化的运行机制，依靠设计促进企业的转型发展。

（2）在设计要素的投入方面，企业应制定明确的方案，并做到有所侧重，有的放矢。

① 企业负责人或领导层应该重视设计，或者通过公司晋升制度等为设计师进入到企业高层提供便利。领导层重视设计活动，才能为设计创新的顺利开展提供便利，使设计部门对未来企业的发展规划拥有更多的话语权，这样设计的潜力才有可能得到发挥。另外，企业高层对设计创新的了解越深，开展设计活动时才有可能避免走更多的错路。

② 在设计师的教育背景方面，企业应积极吸收专业设计院校的毕业生为企业服务，注重新进设计人员的教育经历。另外，对于企业内的现有设计师，应积极对他们进行设计教育再培训（如与设计院校开展合作、邀请设计专家举办讲座等），促进其对设计资讯的吸收，并且积极开展设计经验和心得的沟通和交流（如定期派设计师参加设计论坛、参加设计竞赛等），同时还应注重对未来设计师的人才储备等，从各个方面保障企业设计人员能够掌握最先进的设计理论和方法，提高企业整体

的设计能力水平。

③ 企业应加大在技术研发和设计工具设备等硬件资源方面的投入力度。通过技术研发活动，为企业设计创新提供更多的创意可能性，保障设计的可实现性，全方位支持设计创新过程。如通过积极研发新型材料来拓展家具材料的范围和表面装饰效果，使设计师在设计过程中拥有更多的可选择性等。此外，当新的设计方案与现有技术发生冲突时，应积极思考技术创新的可行性，尽可能确保设计方案的完整，避免出现因为技术问题而使设计方案妥协的现象。其次，在设计工具、设备等硬件的投入方面，企业应积极引进先进的设计工具，如购买 VR 模拟与分析设备等，为设计师获取用户信息、市场状况等提供便利，并且还要尽可能地为设计表现过程提供便利的设施支持，如引进数字化手绘屏、设计样品快速成型仪器等，以提高设计师的设计效率，并为设计方案提供更加逼真的效果展示，方便他们对设计方案进行调整。

④ 企业应注重在设计师数量及设计经费方面投入的合理性。其中，在设计人员的使用上，企业应该在内部建立明确的机制规则，在人员配备上，既要安排一些经验丰富、设计能力较强的设计师以保证设计工作的顺利开展，又要合理地控制设计师的总人数，提高设计师的工作效率。另外，企业还应该注重提高设计师的设计能力，避免由于设计能力不足而带来的设计工作往复或设计方向偏差等问题。在设计经费的投入上，应该提高经费利用的有效性、针对性和合理性，摆脱以盲目的数额增加换取设计绩效的思维，如当前我国一些家具企业高薪聘请国外大牌设计师进行设计，对设计经费的投入也跟着一起大幅度增加，但部分国外设计师由于缺乏对中国市场和消费者的了解，极容易出现水土不服的情况，从而导致了企业投入较大而收效较低。因此，企业在配置设计经费的过程中应该保持理性的态度，并且注重长远效益。

（3）在设计能力的培养和设计方向的选取上，我国家具企业应该更加注重对家具产品造型和 CMF 方向的挖掘和表现能力的培养，以充分提高设计绩效。如企业可以加大对社会时尚和发展潮流的研究，捕捉大众审美需求的变化趋势，并通过设计活动将其提炼为具象的形态符号，最后转化为家具产品具体的视觉和触觉特征。近年来，在我国家具市场上出现的新中式家具风格受到了消费者的欢迎，这种设计风格就是从传统文化的角度，将传统文化元素应用到现代家具产品的研发上，通过传统文化符号与现代生产工艺的完美结合，使家具产品既符合了现代人审美的需要，又保持了中国传统文化的精髓，受到了消费者的认可。另外，在家具使用方式和功能的创新上，企业应更加注意消费者的购买力和接受力，对使用方式和功能的创新宜采用循序渐进的方法，避免新产品的创新跨度过大而脱离了用户的心理承受范围。另外，企业在这两个方面的创新，也应以产品优良的结构和性能为前提，避免单纯为了追求新颖的功能和使用方式，而削弱了产品的质量，同时还应尽量避免新的功能和使用方式造成价格的大幅提高，超出了消费者的承受能力。

5.6 本章小结

本章研究的主要目的在于通过对企业设计路径的梳理，探讨设计创新在生产要素配置优化方面促进企业转型升级的途径。本章通过对企业设计创新路径的构建，探讨我国家具企业设计要素投入的重心、设计方向的主要侧重点等，以求优化企业对设计活动的要素投入配置，提升无形要素在总生产要素构成中的配比，进而驱动企业转型升级。其主要研究结论有：

(1) 确定了企业设计创新路径的构成形式。基于现有文献，我国家具企业的设计创新路径可以分为“前端——中端——后端”三个阶段，前端主要为企业设计驱动要素的投入，中端为企业设计能力的表现，后端则主要为企业设计绩效的体现形式。

(3) 确定了设计路径各阶段因素之间的作用关系，验证了企业设计投入对企业设计能力具有显著促进作用、企业设计能力对设计绩效也具有极其明确的正相关性。具体来讲，企业领导层对设计的重视度、设计师的教育背景对设计能力的体现具有较为明显的促进作用，并且企业技术水平对设计活动的支持程度和企业对设计活动的设备工具等硬件资源的投入也都体现出不同程度的正面作用。另外，造型和 CMF 的发掘与表现能力对企业设计绩效表现出强烈的正相关，而功能和使用方式则没有表现出任何相关性。

(4) 提出了研究结果的现实意义。从结果来看，目前我国家具企业应强化设计创新在企业内的地位，注重设计师设计能力的培养，积极开展技术研发，保障设计方案的可实现性，并且为设计活动提供强有力的硬件支持。另外，在设计师配置和设计经费供给方面，要注重合理性和针对性，避免盲目投入，在设计中应注重对家具产品造型和 CMF 方面的挖掘和表现，而在功能和使用方式上应循序渐进，避免过于激进的创新行为。

参 考 文 献

[1] 王娟. 基于路径依赖的企业技术创新战略研究[D]. 北京：对外经济贸易大学，2006.

[2] David P A. Clio and the Economics of Qwerty[J]. American Economic Review, 1985, 75(2):332 - 337.

[3] 时晓红，耿刚德，李怀. “路径依赖”理论新解[J]. 经济学家，2014(6):53—64.

[4] Thomas C. Schelling. Models of segregation[J]. American Economic Review, 1969, 59(2), 488 - 493.

[5] Katz Michael L, Shapiro Carl. Network Externalities, Competition, and-Compatibility[J]. American Economic Review, 1985, 75(6):424 - 440.

[6] W B Arthur. Positive feedbacks in the economy[J]. Scientific American, 1990, 2(262):92 - 99.

[7] 熊鸿儒，吴贵生，王毅. 基于市场轨道的创新路径研究——以苹果公司为例[J]. 科学学与科学技术管理，2013(07):122 - 130.

[8] 吴建龙，王宏起. 战略性新兴产业突破性技术创新路径研究[J]. 科学学研究，2014(04):508 - 518.

[9] 傅晓霞，吴利学. 技术差距、创新路径与经济赶超[J]. 经济研究，2013(06):19 - 32.

[10] 俞湘珍，陈劲. 企业设计能力的构成及培养研究[J]. 科研管理，2007(1):37 - 45.

[11] 陈雪颂. 设计驱动式创新机理研究[J]. 管理工程学报，2011(4):191 - 196.

[12] 陈国栋. 设计团队知识交流与创新绩效的实证研究[J]. 科研管理，2014(4):83 - 89.

[13] 叶伟巍，王翠霞，王皓白. 设计驱动型创新机理的实证研究[J]. 科学学研究，2013,31(8):1260 - 1267.

[14] Chiva R, Alege J. Investment in Design and Firm performance: The Mediating Role of Design Management[J]. Journal of Product Innovation Management, 2009, 26(4):424 - 440.

[15] Gemser G, Leenders M A A M. How Integrating Industrial Design in the Product Development Process Impacts on Company Performance[J]. Journal of Product Innovation Management, 2001, 18(1):28 - 38.

[16] Hertenstein J, Platt M, Veryzer W. The Impact of Industrial Design Effectiveness on Corporate Financial Performance[J]. Journal of Product Innovation Management, 2005, 22(1):3 - 21.

[17] Swan K, Kotabe M, Allred B. Exploring Robust Design Capabilities, Their Role in Creating Global Products and Their Relationship to Firm Performance[J]. Journal of Product Innovation Management, 2005, 22(2):144 - 164.

[18] Hollanders H, Cruysen V. Design, Creativity and Innovation: A Scoreboard Approach[J]. Europe-Inno Metrics, 2009(1):1 - 36.

[19] Christensen M, The Innovator's Dilemma:When New Technologies Cause Firms to Fail[M]. New York: Harper Collins Publishers, 1997.

[20] Verganti R. Design Driven Innovation: Changing the Rules of Competition by Radically Innovating What Things Mean[M]. Harvard Business Press, 2013.

[21] Dell'Era C, Verganti R. Collaborative Strategies in Design-intensive Industries: Knowledge Diversity and Innovation[J]. Long Range Planning, 2010, 43(1):2 - 5.

[22] Rindova V P, Petkova A P. When is a New Thing a Good Thing[J]. Organization Science, 2007, 18(2):217 - 232.

[23] Roy R. Industrial Knowledge Management: a Micro-level Approach[M]. Springer Science & Business Media, 2012.

[24] Zurlo F, Cabirio C. Design Strategies in Different Narrative Frames[J]. Design Issues, 2014, 30(1):19 - 35.

[25] 辛向阳. 交互设计:从物理逻辑到行为逻辑[J]. 装饰,2015,261(01):58 - 62.

[26] Cooper R G, Edgett S J. Best Practices in the Idea-to-launch Process and Its Governance[J]. Research-Technology Management, 2012, 55(2): 43 - 54.

[27] Lee H. Recognizing Design: the Artistic Director as Silent Designer[J]. Design Issues, 2015, 31(4):56-66.

[28] 陈劲,陈雪颂.设计驱动式创新:一种开放社会下的创新模式[J].技术经济,2010,29(8):1-5.

[29] Gefen D,Detmar W S, Marie C B. Structural Equation Modeling and Regression: Guidelines for Research Practice[J]. Communications of AIS, 2000, 4(10):2-51.

[30] 朱茵,孟志勇,阚叔愚.用层次分析法计算权重[J].北方交通大学学报,1999,(05):119-122.

[31] 金碚.企业竞争力测评的理论与方法[J].中国工业经济,2003,(03):5-13.

6 设计管理体系对创新链升级驱动研究

企业设计管理体系的构建，主要指为保证设计活动的顺利开展，通过对企业其他相关活动的约束，以保证设计过程得到持续性支持并最大限度维护原始方案的完整性，它反映了设计创新活动对企业其他环节创新活动的溢出效应，表现为由设计创新带动企业整体活动的创新，即激发企业创新链的形成。另外，企业设计管理体系还包含对设计活动自身的约束和规范等。本章将从企业内部制度构建的角度，探寻设计创新活动在企业内健康运行所需要的管理体系和保障措施，以及相应的维护方法，以求为我国家具企业设计创新活动的良性化、可持续化运作提供理论指导和参考，意图通过设计创新在企业创新链层面所产生的激发作用驱动企业转型升级。

6.1 企业设计创新运行体系的内涵

6.1.1 企业设计创新管理体系的研究背景

随着市场竞争的加剧，增强产品的差异化和内涵化越来越成为企业扩大市场份额、获得竞争优势的重要手段，尤其是在家具领域内，其行业门槛较低，对精尖技术的需求不高，产品使用功能之外的附加价值对家具产品的成败至关重要。在这种背景下，设计活动在企业发展中的重要性进一步凸显。设计不仅完善了企业产品的功能，为产品带来了较高的附加价值，而且还能够有效地提升企业的品牌认知度，塑造企业的文化理念，增强企业的竞争力[1]。因此，近些年很多家具企业开始积极地将工业设计和产品设计引入到企业当中，并取得了显著的成效。

如瑞典的宜家家居，通过对市场状况的分析，提出以“简洁、美观、价格合理”作为企业产品设计的战略导向，并积极与世界各地的设计师开展合作，在世界上 28 个国家建立了超过 300 个商场，在全球范围内吸引了众多消费者的青睐，取得了巨大的成功。宜家的成绩，不仅与其设计师的设计能力密切相关，更与企业强大的设计管理能力和规范化的设计制度体体系密不可分。如宜家对设计风格的统一、对产品成本的控制、对庞大的设计师群体的引导与管理、全球化生产和采购所形成的强大物流运输体系、科学理性的设计决策方法等等[2]，这些因素综合在一起，共同保障了全球各地的宜家商场呈现出统一的视觉形象和产品风格，也实现了宜家对设计师设计理念与工作方式的统一管理，大大提高了设计工作的效率，使设计在企业发展中发挥了强大作用。

在我国家具行业内，设计创新也受到了越来越多企业的重视。近些年来，一些企业开始以雇佣设计师或者委托企业外设计机构的形式开展设计活动，企业设计意识不断增强，设计师数量激增，部分企业也确实通过设计创新活动取得了一定的成绩。但从整体来看，我国多数家具企业在设计问题上并没有走得很远。很多设计师沦为了企业高层人员的绘图师，成为他们表现自己想法的工具，设计师自身的创意能力得不到发挥，设计创新的空间受到限制[3]。另外，在新产品研发的过程中，设计师的活动缺乏系统的引导和规范，随意性较强，并且设计师与其他部门的沟通方式在制度层面得不到保障，从而导致设计活动从企业内其他部门获取的支持较为有限，难以激发设计创新的潜力。不少企业在设计中甚至还存在着“为设计而设计”的行为，依靠花哨的形态或者无厘头的功能堆砌来吸引顾客注意力，这种“伪设计”和“过设计”的行为更无法保障设计活动在企业内运行的常态化和规范化[4]。

设计活动是企业创新能力的重要体现之一，设计能力也是企业资源的重要组成部分，它需要企业通过规范化的管理措施和完善的制度加以引导，以充分发挥设计创新绩效的作用，更好地推动企业转型升级。目前，设计在我国家具行业内正处于发展阶段，多数企业对设计的应用仍显得较为随意，尚没有形成规范化的制度体系对其进行约束和引导，严重影响了设计活动健康化、良性化发展[5]。设计是企业的一项重要战略资源，只有借助科学的管理措施对这种资源进行科学的规划和部署，才能充分发挥设计创新的效用价值。

6.1.2　设计创新管理体系的内涵

从管理学的角度来看，企业设计创新运行的管理体系，主要是指为保证设计活动的顺利进行，保障设计资源的供给，最大限度地提高设计效率及质量，实现设计目标，企业采取各种手段、方式、途径和程序而制定的各项规章制度的总和[6]。

设计活动作为企业日常生产经营活动的一种，同其他活动一样，需要进行相应的管理和疏通。同样，设计能力属于企业的一种资源类型，也需要进行必要的规划和配置。因此，从学科领域来讲，设计创新的运行体系属于设计管理研究的范畴。

设计管理的概念最早在 1965 年，由英国皇家艺术协会(Royal Society of Arts，RSA)首次提出[7]。次年，Michael Farry 对设计管理第一次进行了定义，他认为设计管理是为了保证设计目标的实现，企业寻求最合适的设计师从事设计活动，并帮助客户在规定的时间和预算下实现设计目标的活动[8]。尽管这一概念已经出现了 50 年左右的时间，但设计管理理论的发展却一直较为缓慢，至今仍属于一个新兴的研究领域。近些年，随着社会和产业界对设计的重视，设计管理开始得到重视，一些学术研讨和交流会议，也逐步将设计管理作为研究的重要课题。另外，虽然不同的学者从各种角度尝试对其进行定义，但至今在学术界也没有形成一个关于设计管理的统一概念。

李砚祖认为，设计管理即为对设计的组织和管理，是企业通过管理学原理和方法对设计活动本身进行的管理，即以设计活动为对象的企业管理活动[9]。荷兰 Philips 集团的设计管理顾问 Robert Blaich 则指出，设计管理是保证企业设计开展的一项活动，它通过对设计资源的协调和对设计活动的引导来实现企业的目标[10]。英国伦敦商学院的 Peter 教授认为，设计活动是企业为实现某种目标的产品计划过程，而设计管理则是这个过程中最重要也最为核心的部分[11]。另外，美国设计管理协会(Design Management Institute)的负责人 Powell 又将设计管理解释为："以用户为中心，对企业资源进行规划、组织、开发以及控制等活动，以为产品的研发提供良好的沟通和氛围"[12]。设计管理杂志(Design Management Journal)的编辑 Thomas Walton 还指出，设计管理是一种策略性行为，它与企业的设计任务、设计目标、设计师创意活动密切相关，是对与设计相关的各种因素之间的一种平衡[13]。

由以上对设计管理观念的阐述可知，设计管理从本质上讲是运用管理学的知识对设计活动进行规划、控制、协调和组织的活动，以保证设计活动正常高效地运转，从而达到设计目标的实现。设计管理是设计学和管理学的交叉，涉及与设计相关的各种因素，是一个较为复杂的研究领域。

鉴于设计管理的研究范畴较广，本章所提到的“设计创新管理体系”主要集中于在设计管理范畴中企业为保证设计创新活动的顺利开展所制定的一系列的制度保障以及所采取的相应措施和管理思路等。

6.1.3 设计创新管理体系对企业转型升级的意义

1）促进企业设计活动的顺利开展，提升设计活动的效率和产出，为转型升级提供更多的原始创新动力

保障设计活动的顺畅运转，是企业设计管理最基本的功能[14]。设计管理体系通过明确的制度和条例对企业设计活动的全部流程及活动内容进行规范和引导，为设计的开展提供纲领性的指导，它是企业设计创新活动运转的最根本性保障。企业设计创新体系，以明确的文件形式或者以特定的部门组织结构形态对设计活动进行管理，它是企业设计活动得以开展的准则和依据。另外，在设计创新活动的产出方面，企业设计管理体系一方面根据设计活动在不同阶段的需要，约束其他部门及时为设计部门提供所需的信息、技术、人力等资源支持，以最大限度地促进设计创意的实现；另一方面，它又对设计活动本身所需的人员配置进行科学合理的安排、对设计质量进行全方位考核、对设计进度进行全面控制等，从而促使设计活动高效、高质量的产出[15]。企业设计创新管理体系，主要从外部支持和内部引导约束两个方面提升设计创新的效率，保证设计创新的产出，通过原始创新成果为企业转型升级提供动力来源。

2）设计创新管理体系可以将企业设计能力更好地转化为企业竞争力

企业设计创新管理体系着眼于设计目标，通过对设计活动的规划和疏导，以提升企业产品和服务附加价值的方式，使企业设计能力得以充分发挥，它致力于增强企业的竞争优势，提高企业的软实力。所谓附加价值，即在产品原有功能价值的基础上，企业在生产研发过程中，通过有效劳动新创造出来的价值[16]。设计管理将企业的竞争力从制造环节转移到上一步的研发环节，是对企业竞争力分布重心的

再调节。设计管理体系也促使企业的设计活动与用户的联系更加紧密，在家具行业，如今市场需求极度细分，个性化消费已经非常普遍，这种个性化需求不仅仅体现在功能的个性化上，更重要的是用户生活方式和态度的个性化，这种功能之外的新需求就需要设计师具有对社会潮流和文化的精确解读能力，并将其转化为具象的设计符号，以满足甚至引导市场潮流的发展。设计管理体系在这个过程中为设计师提供了获取新设计资讯的途径，并积极对设计方向进行有效的约束和引导，以确保设计价值的发挥。另外，设计创新管理体系还包含了对企业品牌形象的定位和塑造等内容，通过创新管理体系的保障制度和措施将企业品牌更好地传递出去，并且被市场所接受，进而提高企业“软性”的竞争优势[17]。

3）设计创新管理体系通过激发企业其他部门间的系统创新，从创新链层面驱动转型升级

设计创新管理体系，不仅指企业对设计流程本身的管理，而且更重要的是它还包含了对企业其他各部门活动的约束和引导，如它要求企业工艺、技术、结构、营销等部门必须为新产品设计方案的实现、销售推广等提供新的解决办法，新的支持条件，这些也就迫使这些部门在设计创新活动的带动和激发下，持续性地做出创新反馈，实现系统性、持续性的创新机制，由此也就在企业内部形成了源于设计创新引导，并且技术、工艺、结构、材料、营销、宣传展示等各个环节相配合的创新链形态。这种创新链的形成，能够促使企业不断涌现各类新的创新成果，从而为企业转型升级提供更加多样的驱动力量。

6.2 我国家具企业设计创新管理体系的现状问题

根据前文的调研，我国家具企业设计创新管理体系的现状问题主要有：

1）设计与管理分离，缺乏先进的管理方法，设计控制力不足

尽管近些年我国家具企业对设计的认识越来越深，设计活动的频率大大增加，但企业对设计管理的认知却并未得到明显的提升。一些企业的负责人不仅缺乏设计教育，更缺乏与设计管理相关的知识储备，因此难以制定适宜于企业长远发展的

设计战略目标，并且在对设计活动的使用上，也很难基于设计的发展趋势和企业发展规划，为企业设计实践建立合理的制度准则。也许企业负责人能够明确地表述某次具体设计项目的意图或者市场定位，但却难以通过成熟的管理体系来保证设计师所有的设计活动都符合企业总体战略目标的要求，也难以在相应制度文件的控制和引导约束下确保设计师形成有利于企业品牌形象塑造的设计风格。企业设计部门的创意过程，更多的是闭门造车、自我臆断，或者直接模仿和抄袭国内外同行的畅销产品，因此造成了企业产品风格混乱，自我辨识度严重缺乏。总体来讲，管理与设计脱节的现象，在如今的中国家具行业内非常普遍，已经成为制约我国家具企业设计创新发展的重要因素[18]。

另外，在市场销量较好的情况下，很少有企业在市场顺境中积极地对设计进行投入，很难将设计作为一种市场竞争的战略武器[19]。在很多企业负责人的意识中，设计活动更多的是一种偶发行为，很难会引起他们对其持续性地倾注过多投入。同时，设计本身也是一种抽象的活动，以脑力劳动为主，且其产出具有较强的不确定性，这种不确定性也使企业对其管理难度增大，企业难以像管理生产制造等环节一样对其实施有效的控制和约束。

2）缺少对设计的长远规划，急功近利，过于追求短期效果

从设计创新开展的动机来看，如上文所述，目前我国家具企业多属于被动型。其原因在于，一是当市场上商品销量大幅降低，利润减少时，企业才会积极思考现有产品存在的问题，并寄希望于通过设计活动，推出新的产品类型，以改善困境；二是企业试图以设计作为噱头，在市场上宣传造势，吸引更多消费者的注意力，以求增加销售的数量。在第二种情况下，企业开展设计创新的目的，并不完全在于追求设计带给产品的附加价值，而是注重产品的宣传价值，如部分企业邀请少量的国外大牌设计师进行设计，并通过各种渠道进行推广等，其目的更多地在于依靠著名设计师的影响，来吸引更多消费者的关注。

无论何种动机，当产品的市场销售状况得以改善之后，企业便很少去注重后续的产品研发活动，更缺乏对产品生命周期的系统性规划[20]。因此，目前我国家具企业开展设计活动，主要表现为追求当前设计行为的价值及其对企业突破现有困境的辅助作用，并且多属于间断性行为，带有较为明显的急功近利性质。基于产品生命周期的设计创新活动，则是企业站在长远的角度，考虑产品未来的发展趋势及各代产品的更迭特点、更迭时期等，是对设计行为的常态化部署，其目的在于通过

设计活动,实现企业持续化的市场占有率和竞争力的提升。

3) 设计管理体系不完善,管理制度缺乏明确的导向作用

由于目前在我国家具行业内,企业设计管理的意识不足,企业对设计管理体系的建设就显得更为匮乏。在设计部门或者新产品研发部门的设置中,很多企业甚至并没有专门的设计部,只是偶尔寻求外部设计机构为其承担新产品的研发工作,并且很多企业也缺乏专门与外部设计机构进行对接和沟通的具体制度、准则和人员限定标准等,因此极容易造成沟通不畅,当问题出现时也难以追究。

在设计过程中,一些企业还缺乏专门针对设计师调研、数据信息采集等环节流程和方法的明确规定,设计师缺乏有关用户需求的动态数据,导致设计创意与实践脱钩,无法把握快速变化的消费者需求特点。另外,在设计活动开展的过程中,一些企业对设计部门与其他部门之间的隶属关系也没有明确界定。当设计活动与其他部门之间在日程安排、工作交接、人员调动、技术支撑等环节发生冲突和矛盾时,很多企业也难以寻求到具体的解决途径和方案,多数只能依靠企业高层负责人亲自协调和安排,显得极不规范[21]。在财务制度方面,大多数家具企业对整个设计创新过程中的费用控制、明细预算以及设计方案对后续生产经营成本的影响等方面并没有出台相关的管理制度,极容易造成企业因为无法承担后续生产和经营环节的成本压力,而不得不对设计方案进行变更,甚至放弃[22]。

6.3 转型升级下企业设计创新管理体系的架构

如前文所述,设计创新管理体系能够从激发企业创新链形成的角度促进其转型升级,因此探讨在企业内该体系架构的方法对企业发展意义重大。

设计管理体系是我国家具企业设计创新活动得以顺利运行的机制保障,设计创新价值的发挥依赖于完善的设计管理制度的引导和约束。基于上文对设计管理内涵和意义等内容的分析,在梳理现有研究文献的基础上,本章将从企业对设计创新的支撑层面、设计组织架构层面以及设计项目的执行层面,提出我国家具企业设计创新管理体系构建的思路,其中每一个层面又提出了一些具体的对应策略和方法,共同构成了企业设计活动运作的保障,具体内容如图 6.1 所示。

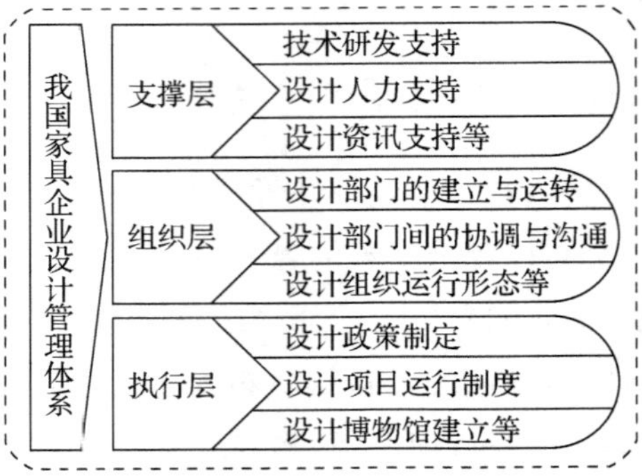

图 6.1　企业设计创新管理体系架构

6.3.1　支撑层

企业设计管理体系在支撑层的架构，主要从企业设计创新运行的支持政策出发，根据企业开展设计活动时对各层面资源的需求，制定相关政策以满足其所需，保障设计创新的顺畅、高效运转。具体来讲，企业设计创新管理体系中的支撑层，主要包括设计所需的技术支持、人力支持以及设计咨询平台的搭建等方面。

1）技术研发支持

企业对设计创新的技术研发支持，主要指企业通过常态化的技术研发制度，保证技术成果的不断涌现，以满足设计创新方案实现所需要的技术需求，或者通过新的技术成果来引导或激发新的设计趋势或设计创意的出现，依靠设计将新技术成果快速商品化。

Verganti 指出，企业的创新活动可以分为渐进性创新和突破性创新两种形式。其中，对于突破性创新，在很多情况下它可以带来一种新的使用方式或者开辟一个新的产品领域，并且在突破性创新的过程中，新技术成果多发挥着主要影响，而设计创新则更多地是由技术成果激发而来[23]。由此可见，技术研发对设计活动不仅仅是单纯地满足设计方案的实现，它还可以激发或者引领新的设计风格，甚至是创造新的产品领域。因此，持续不断的技术研发对设计创新具有重要的引导作用，企业应建立专门的技术研发机构，明确技术研发的方向，并且技术研发部门不仅要解决设计方案实现所需的技术问题，更重要的是通过对前沿技术的探索，引领设计发展的方向，充分发挥技术对设计的激发作用，通过设计活动将技术成果整合到新的产品形态当中。从我国家具行业的现状来看，设立专门技术研发部门的企业较少，在中小型企业中则更少。目前我国家具企业的技术研发主要是通过与高校、研究所等专门研发机构展开合作的形式来完成的，企业将技术研发任务委托给这些机构，由他们来解决企业生产中的技术问题并申请相关的发明专利，但这种形式也存在着难以常态化、长久化以及技术成果与企业的生产实际脱钩等问题[24]。另外，目前还有一些家具企业由于自身资本和实力等问题，将企业技术引进简单地等同于生产机械设备等硬件的购买或租赁等活动，虽然这种做法在一定时间内可以提升企业的生产效率或者提高产品的质量，也可以满足新设计方案实现的要求等，但却无法保证这些收益的长久化，企业更无法获取技术垄断优势，所以这些形式对设计创新的推动作用显得较为有限，也极容易被竞争对手所模仿。

因此，企业要为设计创新提供技术支持，重要的就是建立稳定的技术研发团队以及完善的技术研发制度，以保证持续化的科技成果产出，满足设计创新的需求并充分激发技术对设计活动的推动作用。另外，企业对设计创新活动的技术支持体系，还应包括企业为设计过程提供其所需的先进设计工具和设备等硬件支撑，以使设计活动的开展更加便利。

2）设计人力支持

企业对设计创新的人力支持体系，主要指企业为保证设计活动的顺利开展所制定的相关人力资源供应制度，如设计师的培养、引进、晋升等制度，设计行政人员的配备，设计管理人员的安排等等。

设计人力是企业设计创新得以常态化运转的关键资源，设计活动不同于生产经营性活动，其产出成果主要为设计师的智力活动，人的创造性因素在成果形成的过程中占据着绝对优势，因此设计师的业务素质水平对设计效用的发挥具有至关重要的影响。在企业的人力资源配置中，一般可以分为两种类型：一种为探索型人才，另一种为开发应用型人才。前者主要指企业高层领导、管理人员、设计师一样的企业人员，他们主要通过决策性活动和创造性活动为企业发展提供策略和建议，这类行为大多能够为企业带来新的可能性和新的发展机遇，并对企业发展方向产生至关重要的影响，也影响着企业品牌理念的定位和塑造过程。后者主要指技术研发人员、生产环节人员等，他们多凭借自身的技术、技能等为企业发展贡献力量，是企业发展的重要动力来源。从目前制造业的整体状况来看，探索型人才的数量一般在 20%左右,而技能开发应用型人才占 80%左右[25]。而在我国家具行业,探索型人才远低于 20%的比例,并且这类人员以企业经营决策者居多,严重制约了我国家具企业的发展活力[26]。另外,同时具有两类技能的通才型人员则更少。

因此,企业要在设计人员的素质要求、配置比例等方面制定明确的制度,以为设计创新活动的运作提供充分的人力支持。在设计人才的引进和储备方面,目前我国家具企业常见的设计人才引进方式多是通过人才招聘的形式来完成的。另外,也有部分企业积极探索通过其他形式进行设计人才的储备,如与设计院校合作、开展大学生夏令营、为高校学生提供设计实习机会等,积极向潜在的未来设计师推广企业文化,并与之建立持续化的联系,不仅为储备设计师奠定了基础,同时也促进了企业设计理念的传播。其次,企业还可以积极探索设计师的晋升制度,使设计师有更多的机会进入到企业高层,积极参与企业决策,让设计师在企业策略层面贡献更多的力量。最后,企业也要积极尝试建立与外部设计师合作的稳定机制,对企业外设计机构的选择、设计要求、设计风格等做出明确的界定,积极借用外部设计力量促进设计创新对企业发展的驱动效用。

另外,也有一些家具企业通过对已有员工进行设计培训的方式,为企业设计活动提供人力支持。如不断地派出现有设计师进入高校和专业的设计机构深造学习或者参加设计学术交流会议等,使得他们能够及时掌握最先进的设计方法和理念,以提升设计师的业务素质。另外,部分家具企业还对设计部门外的企业其他员工开展设计培训,鼓励他们以设计师的身份参加到设计研发活动中,这种方式不仅有利于加深员工对设计工作的了解,营造良好的设计氛围,而且还有利于扩充设计师的队伍,提高各部门之间的合作效率,从而有助于解决目前企业急需的通才型人才不足的问题[27]。

3）设计资讯支持

企业对设计活动的资讯支持,主要包括两个层面:一方面是集中于为企业设计创新提供设计项目开展所需的数据、信息、资料等等;另一方面是集中于向设计部门提供先进的设计思想和理论、时尚潮流等资讯。

对于第一个层面,企业对设计的资讯支持,表现为在企业内部建立设计资讯平台,通过该平台使设计活动所需的所有资料能够及时地获取和存档,从而方便设计师的使用。如前期调研和用户分析环节,相关人员可以直接将调研数据和结果录入该平台,或者与市场相关的资料直接由市场部门上传至平台,以供在后期设计概念定义阶段，设计师可以随时方便地调取所需要的调研信息、用户信息、市场信息等。又如在设计创意过程中，设计师所有创意方案都按照一定的分类原则上传到该平台，以供以后相似设计项目的借鉴，从而可以大幅度地缩减后期设计项目的周期。企业在这个层面的支持，使得整个设计流程中的调研资料、草图方案、设计图纸、设计人员及任务、成本核算、考核等一系列材料都能够通过该平台及时地得到存储和调取，大大提高了设计的效率[28]。

对于第二个层面，企业对设计创新的资讯支持，表现为企业对外部设计信息的捕获，并通过各种途径将其推送到企业设计师端。这些外部信息，包括市场风格的变化、消费趋势的改变、社会法律法规的变化、新的时尚和潮流的演变、新型文化元素的出现等等，另外它还包含新的设计理念、设计方法、设计工具的升级等。在具体的制度措施上，企业可以通过建立设计信息知识库、用户生活形态模型库等来丰富设计师的设计方法[29]；也可以邀请著名设计师进入企业开展讲座或兼职等形式，以带动企业设计师的成长；还可以采取上文所提到的委托外部机构对设计师进行教育培训的方式，提升设计师对潮流和时尚的把控能力。其次，企业还可以通过订阅设计期刊等途径，来辅助设计师更好地了解设计风格和潮流的变化，促使设计师的理念与市场前沿保持一致。

6.3.2　组织层

企业在组织层的支撑体系，主要是指企业从组织结构设置的角度，通过对设计部门在组织结构层级中的定义，保障设计活动的高效、顺畅运转。具体来说，它主要可以分为三个层面：设计部门的建立与运转，部门间的协调沟通以及设计组织运行的形态等内容。

1）设计部门的建立与运转

设计部门是企业设计创新活动得以常态化运行的组织保障，企业整个设计流程的开展都依附于设计部门。企业设计部门的建立，是企业从组织层面为设计活动提供的支持，它主要包括确定设计部门在企业组织层级中的位置、从属关系等，它对企业设计创新活动具有决定性影响，也在一定程度上反映了设计在企业中的地位。

设计创新要得以良性化的运转，必须在企业内具有合理的权利位置，设计部门的确立就是对这种权利位置的界定。对于不同设计策略的企业，设计在企业内的地位，或者设计在企业发展中所发挥的作用和性质不同，因此设计部门在企业组织结构中所处的位置也有差异。如以设计创新为主的企业，设计是企业经营活动中较为关键的资源，设计部门一般所处的层级较高，并多为企业负责人直接领导，以使得设计过程中出现的问题能够及时得以解决并做出决策，充分发挥设计的价值；而以低成本、低价格等作为主要竞争手段的企业来讲，生产、人力、原材料等属于企业最核心的资源优势，设计的主要任务就是最大限度地控制成本，而过度的设计则会导致价格的上升，因此这类企业设计部门的层级一般较低，甚至多数企业并不设立专门的设计部门。

从组织层级来看，企业设计部门的位置主要有三种类型[30]：① 单独成立的专门设计部门。在这类企业内，设计活动具有明确的部门形态和相应的规章制度，一般可以独立开展设计项目，并且在多数情况下，设计部能够直接向企业最高层反映设计问题，请求设计决策，所以设计的话语权一般较大，设计绩效的发挥往往也较为明显。② 设计部门隶属于市场部门。在这种层级下，设计活动能够直接面向市场，获取有关市场情况的第一手材料，但从家具行业来看，在这种类型下，企业设计活动的创新度较低，并且极容易出现设计与生产脱节的现象，因此设计绩效也只是表现为辅助市场销售。③ 设计隶属于生产或技术研发部门。这种形式的设计组织，能够快速地接触到企业最新的技术成果，一般设计创新的程度较大，并且设计师也可以得到生产结构部门较多的支持，能够使设计部门所提出的设计方案尽可能符合企业生产工艺的要求，从而提高其向生产环节的转化效率，但也容易导致设计部门的话语权降低，使设计人员只是服从于技术和结构部门的要求，而缺少自我设计方向的规划。

2）设计部门间的沟通与协调

企业对设计活动的部门间沟通与协调支持体系，主要体现在企业通过制定明确的制度规范，为设计部门与其他部门之间在信息交流、工作衔接等方面提供便利性的制度保障，并确保当工作衔接或资料交接出现问题时，能够及时快速进行处理。此外，协调体系还包括企业专门设定的承担设计协调任务的相关人员岗位等。

在企业相关制度的制定方面，设计部门间的协调与沟通体系还包括定期召开部门间的工作会议、明确部门间的责任、各环节及各部门间工作交接的形式，以及确定整个设计流程中所涉及的相关协调和行政服务人员等。另外，当设计部门需要其他部门提供相关的设计资料、数据以及技术、结构、工艺等方面的专业知识时，企业制度应对这些部门做出规定，要求他们在规定的时间内高质量地做出回应。当各部门之间出现沟通不畅，甚至冲突矛盾时，企业内也应有相应的解决机制以及专门的企业高层人员负责协调[12]。

设计创新是一种综合性活动，它涉及企业内的各个职能部门。企业建立部门间的沟通和协调机制，其目的就在于促进企业设计工作更加流畅，它将企业各个方面的资源聚集在一起，以保障设计活动高质量地产出，并充分激发设计创新的绩效。相关沟通协调人员，也主要是通过自身的工作，使各个部门间能够相互理解和支持，并且保证各个部门在沟通中保持信息传递的对称性[31]。

3）设计组织运行形态

设计组织运行的形态，主要指在设计项目运转的过程中，对设计项目负责人的任用及其团队成员的组成情况，它受设计项目的特点、内容、所需技术以及企业的组织结构等多重因素的影响[32]。企业对设计组织运行形态的制度规定，是企业设计活动正常高效运转的有效助推器，合理的设计组织运行形态，可以使设计创新的绩效表现更加突出。

目前在我国家具行业内，由于多数企业的设计部门并不固定，很多企业在设计研发过程中多是临时组建设计团队，团队成员和组织结构形式的变动性较大，并且在研发结束后，设计团队也随之解散，因此这种方式不利于设计创新活动的常态化发展[33]。良好的企业设计组织形态制度，可以使不同的设计项目在设计进展的不同阶段都能够充分发挥团队人员的业务所长，提高职员的工作效率，节约设计资源，并保证设计项目的顺利推进。

目前，比较常见的设计运作形态主要有三种类型：① Topalain 式的有机型。这种方式强调设计负责人、项目经理、设计师、设计支持者之间在设计项目运行的过程中，依据所要处理的问题，在成员的组合方式上采取灵活多变的形式，即设计负责人兼任项目经理，或设计师兼任项目经理，或设计师兼任设计支持者等[34]。② Hollins 设计圈。这种模式强调在设计的不同阶段，根据设计工作的内容及其对知识技能的要求，随时引入相关专业背景的人员进入到设计团队，并且在该环节结束后及时退出以避免人员闲置，从而既保证了设计活动的正常运作，又提高了团队成员的工作效率。③ Lorenz 运动型，即以英式橄榄球的形式形容设计组织运行的形态。这种类型要求在设计项目运行的过程中，不同阶段由不同专业背景的员工充当项目负责人的角色，以最大限度地满足设计创新在各个环节对知识技能的需求。但另一方面，它也存在着一些隐患，如容易造成各环节之间的工作交接不畅，或当问题出现时责任难以界定，后期成本难以控制等问题[35]。

6.3.3 执行层

企业对设计创新执行层的支持体系，主要是企业基于设计项目开展的流程，通过制定相应的管理制度，以控制设计项目完成的质量、进度以及企业文化理念在设计活动中的传达等等。具体来讲，执行层的支持体系主要体现在设计政策的制定、企业对设计项目运行的制度、设计博物馆的建立等。

1）设计政策制定

设计政策主要指企业通过制定一套完整的设计规则和要求，来引导和约束设计发展的方向、产品风格的表现、企业品牌文化的统一等，促进设计战略目标的实现。从内容上来说，企业设计政策包含设计的配比、产品设计的原则、设计运行的模式和方法、新产品更新的速度以及企业视觉形象的识别等[36]。

设计政策是企业设计活动的指导法则，涉及设计活动的方方面面，它要求企业的设计创新活动按照一定的准则规范化地向前推进，使企业所有的设计活动都有章可循，并且传达出统一的价值理念。就目前我国家具行业来看，中小型企业占绝大多数，这类企业实力有限，多采用委托外包的形式进行设计研发，设计政策最直接的表现就是如何保证外部设计机构能够准确地表达出企业的设计理念，并使得不同的外部设计机构或设计师提供的设计方案都保持明确统一的风格，以促进企业品牌形象的塑造和推广。另外，设计政策还包含了对外部设计机构选择的标准、设计方案的评价指标、设计机构后期跟进的要求等具体内容。而对于自主设计型的企业来讲，设计政策还表现为，在设计创意过程中对设计师选择设计创新点侧重方向的引导，甚至它还对具体的设计原则做出详细的规定，如造型的繁简程度、色彩搭配的特征，或者是诸如安全、环保、舒适、个性、牢固等更加详细的设计要求等[37]。

另外，根据前文所述，在转型升级理论指导下，企业应该积极探索“OEM——ODM——DMS”的发展道路，在这个过程中，设计在企业中的地位不断提升，设计的意义也逐渐深化。因此，企业的设计政策，也要依据该路径在不同阶段的特点，通过相关具体的规章制度对企业设计创新活动逐步进行引导，以促进企业战略目标的实现。

2）设计项目运行制度

设计项目的运行制度，主要基于设计项目的推进环节，通过企业管理制度对家具设计的主要流程进行控制，以确保每个环节的工作内容都能达到目标要求。其具体内容包括：质量控制、进度控制、设计分工、团队成员组成、工序交付、图纸规范、工艺控制、成本控制、成果提交、后期跟进等等。设计项目的运行制度是一套较为详细和实践操作性较强的设计活动手则，它以文字的形式确定每个设计环节的管理内容[38]。

从家具行业来看，设计项目的运行流程大致如图 6.2 所示[38]，企业设计项目的运行制度也主要是围绕这些环节的工作内容及工作交接方式而展开的。在具体内容的制定上，它强调责任的划分（甚至是责任到具体的人）、工作的形式、解决问题的依据等，它对每个环节的规定都力求详尽。如在设计策划阶段，项目制度要求明确项目的负责人、设计任务书的撰写人、撰写规范、进度安排等；组织和技术接口阶段，则强调设计的分工、设计资料的获取及保存方法等；设计输入阶段要求明确设计的依据、材料和结构要求等；设计输出阶段要列出详细的成果形式及数量；设计评审阶段又要明确方案评审的方式、评审标准和依据；如果后期需要对设计方案进行更改，还要明确更改的原因、责任的承担方等事项；最后是设计项目结束后，对整个项目资料的归档和总结等[39]。

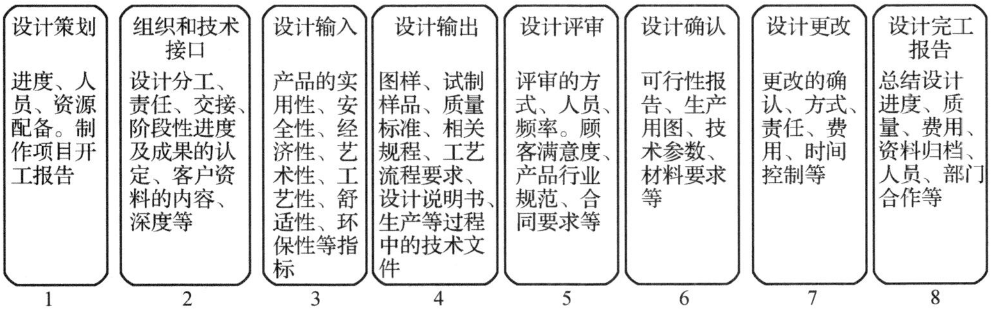

图 6.2 设计项目运作流程及管理内容

3）建立设计博物馆

企业设计博物馆是对企业整个发展过程中各类成果和产品的展示，它以体现企业自身的文化价值理念为主要目标，是企业重要的文化资源[40]。

设计博物馆是企业设计智慧的象征，它将企业发展中的典型产品案例都保存下来，记录了企业设计成长的过程，是企业设计文化的积淀，也是企业发展的实证依据。企业通过建立产品博物馆，可以更好地展现企业的设计文化，产品风格的演变历程，体现企业在不同历史时期的设计特点甚至战略意图等。设计博物馆反映了企业对设计活动的重视和推崇，一些大型的公司都设立有自己专门的产品博物馆，如海尔就有科技体验馆和生活体验馆两个展馆，记录了产品随着科技变迁、生活方式的变化而发生的演变历史。企业设计博物馆要鼓励对外开放，吸引外部人员走进企业，通过参观展馆样品等方式向社会传递企业的文化理念和追求，同时也能够扩大企业品牌形象的传播。

企业建立设计博物馆要明确展品选取的原则，既可以选择那些较为成功、销量较好的设计，也要把具有某种特殊意义的设计容纳进来，如与企业周年庆、体育赛事、社会活动、政府合作等有关联的产品，或对社会、对国家、对企业具有重要意义的样品等。在某些情况下，企业设计博物馆还可以将一些典型的失败案例放到展馆之中，以作为企业发展的警示。另外，企业也应对设计博物馆的维护、样品的收藏甚至讲解要求等做出详细的规定。

6.4　设计创新运行体系的维护方法

6.4.1　学习先进的管理理论与知识

当前，在我国家具企业内，设计创新的绩效表现还不够充分，很大原因在于企业对设计管理的方法运用不当，设计理念落后。要充分激发设计创新对企业发展的驱动作用，企业就必须积极引入现代化的设计管理理念，尤其是中小型企业，更需要主动地吸收先进的设计管理知识，建立全面的设计管理制度体系。

具体来讲，一方面企业可以积极地与国际著名家具品牌合作，借鉴国外企业对设计活动的管理方式，如对企业外自由设计师的使用办法等，在保证企业统一风格形象的同时，又能充分发掘设计师的才能，既给予设计师充分的设计空间，又确保通过他们的设计成果充分体现企业的价值追求。另一方面，企业也可以探索与外部机构开展合作的模式，委托专业的设计管理机构帮助企业建立良性化的设计管理体系，或者与设计咨询公司合作，通过设计咨询公司的建议和指导促使企业设计活动向着良性、高效和可持续化的方向发展。最后，企业也可以尝试从具体的设计项目入手，逐渐通过先进的管理理论来指导设计项目的进展，并根据实践运转情况及时调整，不断总结心得经验，锻炼自己的设计管理能力，逐步建立起适合企业自身状况的设计管理体系[1]。

6.4.2 制定合理的设计策略

所谓设计策略，就是企业为了在市场竞争中获取有利地位，在衡量自身特点的基础上，综合外部环境，针对设计活动而制定的一系列的设计谋略和方法[41]。设计策略，以发展自己、超越对手、争取更多的消费市场为主要目的。常见的设计策略有：率先进入市场策略、新技术优势策略、仿效策略、差异化策略、多样化策略、集中一点策略等等[42]。

在设计策略的制定方法上，一般采用 SWOT 分析法。这种方法将企业所处的外部环境分为机遇(O)和挑战(T)两个方面，同时又将自身特点分为优势(S)和劣势(W)两个维度，由此构成了反映企业生存状况的四个不同象限[43]，如图 6.3 所示。

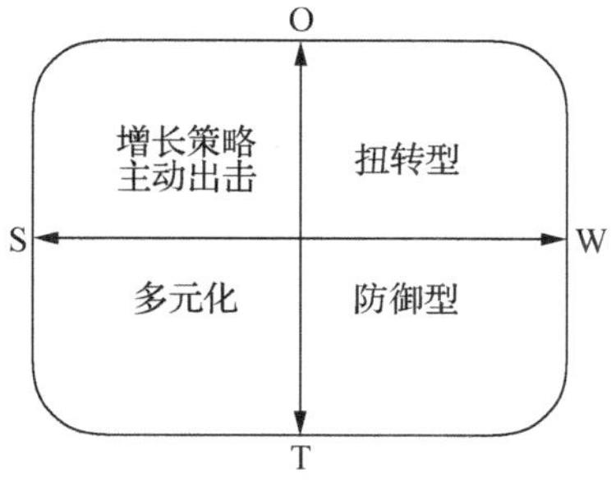

图 6.3 SWOT 分析

在设计策略的选择上，不同的象限位置对应着不同的设计策略。在左上角的 SO 象限，企业既有着自身优势，又有着巨大的市场潜力，因此多以主动出击的策略为主，积极地进行设计尝试，率先进入市场，以获取更多的市场份额。在右上角WO象限，企业虽然具有较大的市场潜力，但自身又有着劣势，因此应积极地通过设计创新来扭转劣势，抓住机遇，赢得市场。如仿效的设计策略就是企业由于自身设计能力不足，但为了争夺更多市场份额而采取的策略，另外一些企业采用雇佣外部设计机构的方式进行新产品的设计研发，也是这一策略的体现。在左下角的ST象限，企业具有优势，但市场环境恶劣，挑战性较大，因此适宜采用多元化的设计策略，通过多样化的产品来寻求更多的盈利点，并尽可能地降低市场风险。如企业通过扩展自身产品的类别以降低风险，或者采用线上线下多种渠道进行营销的方式就是这种策略的体现。在右下角WT象限，企业自身具有劣势，市场风险较大，因此适宜采取保守防御的策略。在这种象限下，企业只有不断地调整自己，改变自身不足，不断完善，变劣势为优势，并积极发掘市场机遇，才有可能在复杂的竞争环境中生存下来。

6.4.3 注重自我设计文化的积淀

设计文化是企业所有设计活动统一体现出来的共性特征，也是企业产品设计的抽象内涵。鲜明的设计文化有利于产品附加价值的表现，对企业品牌形象的传播也具有积极的作用，企业的设计创新活动就是在设计文化的引导和约束下展开的。因此，企业要注重自我设计文化的积淀，为自身的设计创新活动提供一脉相承的价值追求。

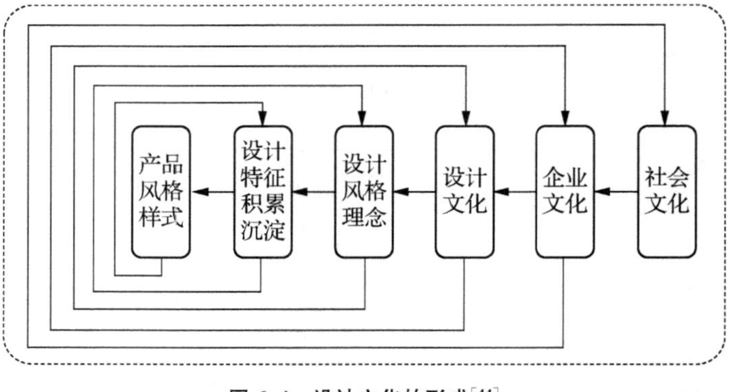

图 6.4 设计文化的形成[44]

从企业设计文化的形成来看，其机理如图 6.4 所示。首先设计活动赋予产品以新的风格样式，在统一的风格样式积累下，企业就形成了独特的设计特征。从企业产品的视觉传播效应来看，这种设计特征即企业产品所追求的设计风格，如造型特征、色彩搭配特征等等。在企业设计风格形成之后，设计文化也将慢慢地呈现出来。设计文化是隐藏在表象的设计风格特征背后的设计理念传达，另外抽象的设计文化也是企业文化的一个方面，它是对企业文化的反映，是企业文化的表现手段。再从企业外部看，企业文化又是社会文化的微观体现，是宏观社会文化的一个单元。相反，如果将这条路径反过来看，各个环节又是相互影响的。社会文化决定了时尚和潮流特征，企业要生存，又必然受社会文化的影响，因此社会文化影响了企业文化，企业文化限定了设计文化的特征，设计文化又影响了设计对产品的塑造过程，最终表现为具体的产品造型风格。

因此，企业设计文化的积淀对设计创新的开展具有重要的引导作用，也对企业文化的形成、品牌形象的传播影响重大。所以，企业要努力建立完善的设计创新体系，并注重企业设计文化的积淀。

6.4.4 设计知识资源的及时更新

设计是对艺术、文化、技术等众多要素的整合，人类社会文化不断进步，新的时尚和潮流也一直处于演变之中，同时新技术成果出现的速度越来越快，也影响和带动着设计创新的不断向前发展。随着信息社会的到来，用户体验得到极大重视，设计的对象和内容有了新的变化，传统的设计技能已经不足以使现代设计师游刃有余地解决当前的设计问题，设计的知识资源面临着新的更新和升级。

清华大学蔡军教授等近些年展开了一项对当前设计师知识结构的调研，他们发现如今设计师的专业知识不断从基础知识向扩展知识转变，并且越来越多的设计师开始注重对新兴知识的学习。所谓基础知识，即设计过程中对造型、功能、审美等方面的塑造能力；扩展知识则指用户分析、品牌、市场、管理等方面的知识；而新兴知识则指系统整合能力、沟通能力、方法论等内容，如表 6.1 所示。基于此，他们提出当前设计创新已经进入全新的时代，并将其称之为设计 3.0 阶段，即设计要建立在技术、文化和信息三者集成的网络平台之上[45]。

表 6.1　设计师知识的演变[45]

基础知识	扩展知识	新兴知识
功能	用户分析	系统整合
审美	品牌	交叉学科
造型	市场	沟通
人体工程学	开发	同理心
流程	管理	方法论

由此可见，设计的特征、对象、方法等随着时代发展都在不断地升级，设计师的知识结构也需要及时更新，不断地学习和接受新的设计方法和思维。企业要为设计师知识更新提供充分的便利，使设计师不断接触新事物，促进设计师的知识结构与时代发展保持一致。只有这样才能保证企业设计创新的成果具有较强的前瞻性，并充分激发设计创新的价值。

6.5　本章小结

本章主要从创新链层面，以企业设计创新管理体系的构建为切入点，探讨设计创新驱动企业转型升级的措施和方法。设计创新管理体系主要体现在企业制度层面，包括保障我国家具企业设计创新顺畅运行的管理措施及组织结构特征等，以实现设计创新良性化、可持续化的运作，并由此带动企业各个方面的创新活动，促进转型升级的实现。另外，本章还对企业设计管理体系的维护方法提出了一些思路。主要结论如下：

(1) 梳理了我国家具企业设计管理体系构建的意义及其内涵。设计管理体系不仅可以保证设计创新活动的正常运转和持续性产出，而且还能够激发企业创新链的形成，并以此驱动转型升级。企业设计管理的生态体系，主要指企业基于管理学原理，对企业与设计活动相关的各个方面所制定的一系列的制度和措施，以保障设计资源的供给、设计成果的持续性输出，并最大限度地提高设计活动的效率，最终实现设计活动的目标。

(2) 提出我国家具企业设计管理体系的架构方法。本章提出从支撑层、组织层、执行层三个层面构建企业设计管理体系的思路。其中支撑层可以分为技术研发支持、设计人力储备支持、设计所需的资料、信息以及资讯的支持等；组织层主要指注重设计部门在企业组织结构中的层级设置、设计部门与其他部门之间的沟通协调以及采取适于企业自身特征的设计组织运作形态；执行层，指从设计政策制定、设计项目推进等方面对设计活动进行积极管理和引导，同时还提出设立企业设计博物馆的概念。

(3) 企业设计创新管理体系的维护思路。首先，要积极学习先进的管理经验，用先进的管理理论去引导和规划设计创新活动。其次，要制定合理的设计策略，综合企业内外特点采取适宜的设计策略。第三，注重自我设计文化积淀，塑造企业特色性的设计文化理念。最后，注重设计知识资源的更新和升级，使设计与时代、技术、文化保持步伐一致。

参考文献

[1] 黄艳丽，戴向东，宋国栋. 关于提升家具企业设计管理的实践与探索[J]. 林产工业，2012，39(04)：8－12.

[2] 董庆涛. 设计管理在家居设计企业中的运用研究——以宜家为例[J]. 中国商论，2015(14)：23－25.

[3] 莫伟平. 从设计管理到企业竞争力[D]. 长沙：湖南大学，2004.

[4] 曾山. 对设计进行设计——浅谈设计管理[J]. 南京艺术学院学报，2002(1)：77－78.

[5] 叶文潇. 中国家具独立设计品牌现状分析与商业模式研究[D]. 南京：南京林业大学，2014

[6] 张立群. 设计管理的方法体系[J]. 装饰，2014(04)：15－20.

[7] Best K. Design Management—Managing Design Strategy, Process and Implementation[M]. Lausanne: AVA Publishing，2006.

[8] Farry, M. Design Management[M]. London：Hodder and Stoughton, 1966.

[9] 李砚祖. 设计管理概论[M]. 武汉：湖北美术出版社，2002.

[10] Blaich R, Blaich J. 产品设计与企业策略——竞争优势环节的管理[M]. 杨敏英，译. 台北：六合出版社，2003.

[11] Chung K. W. The Substance of Design Management and Recent Progresses in the Profession in Korea[J]. Design，2000(89)：36－50.

［12］ 万艳萍. 设计沟通管理的体系与模式研究［D］. 南昌：南昌大学，2008.

［13］ 姚善良. 设计管理［D］. 武汉：武汉理工大学，2002.

［14］ 李龙生. 设计管理在设计创新中的作用［J］. 艺术与设计（理论），2009（03）：190 - 192.

［15］ 王效杰，金海. 设计管理［M］. 北京：中国轻工业出版社，2008.

［16］ 杨君顺. 王肖烨. 在企业中充分发挥设计管理的作用［J］. 包装工程，2005（2）：114 - 116.

［17］ 刘国余. 设计管理［M］. 上海：上海交通大学出版社，2006.

［18］ 刘真. 我国设计企业中的设计管理存在的问题与对策研究［J］. 科技与创新，2016（11）：75 - 75.

［19］ 张龙. 我国企业设计管理存在的问题与对策［J］. 设计，2013（6）：170 - 171.

［20］ 董嫒嫒，刘文金. 家具产品生命周期的细分与设计策略［J］. 家具与室内装饰，2007（03）：30 - 31.

［21］ 蒋文. 设计管理［M］. 北京：机械工业出版社，2011.

［22］ 逯新辉. 体验经济下的设计管理流程研究［D］. 重庆：重庆大学，2014.

［23］ Verganti R. Design, Meanings, and Radical Innovation: a Meta Model and a Research Agenda［J］. Journal of Product Innovation Management, 2008, 25（5）：436 - 456.

［24］ 王敏，银路. 企业技术战略选择对自主创新效果的影响［J］. 电子科技大学学报（社科版），2017（01）：53 - 59.

［25］ Maffei S, Bianchini M. Microproduction Everywhere. Social, Local, Open and Connected Manufacturing［C］. Social Frontiers the Next Edge of Social Innovation Research. 2013.

［26］ 李王芳. 企业内外部人力资本对创新绩效的作用机理［D］. 杭州：浙江大学，2014.

［27］ 胡孙跃，余肖红，李延军. 家具设计创新人才协同培养模式的探索与实践［J］. 家具与室内装饰，2015（09）：46 - 47.

［28］ 陈哲. Think Design 覆盖家具设计全流程的敏捷化设计平台［J］. 家具与室内装饰，2017（08）：56 - 61.

［29］ 李一舟，唐林涛. 设计产业化与国家竞争力［J］. 设计艺术研究，2012（02）：6 - 12.

[30] 陈圻.设计管理理论与实务[M].北京:北京理工大学出版社,2010.
[31] 辛玉红.浅谈企业管理中的有效沟通[J].决策探索,2008(16):87.
[32] 高亮,职秀梅.设计管理[M].长沙:湖南大学出版社,2011.
[33] 李普红.设计管理与产品创新[D].济南:山东大学,2005.
[34] Topalian. Design Management Skills Training in Management Development Programs[M]. London: Alto Design Management. 1989.
[35] 邓成连.设计管理:产品设计之组织、沟通与运作[M].台北:亚太图书出版社,1999.
[36] 农丽媚.设计政策与国家竞争力研究[D].北京:清华大学,2013.
[37] 斯丹法诺·马扎诺.蔡军,宋煜,徐海生译.设计创造价值——飞利浦设计思想[M].北京:北京理工大学出版社,2002.
[38] 郭立凤.家具设计的管理模式探析[J].家居与室内装饰,2002(03):12-16.
[39] 彭亮.家具设计管理[J].家具与室内装饰,2005(11):76-80
[40] 徐东宁,莫璧宇.当代企业展示馆展示设计构想[J].建材与装饰,2016(05):70-71.
[41] 许言.创新策略、设计策略与设计特色——以消费性电子产业为例[J].设计艺术研究,2011(10):103-111.
[42] 蒋雯.设计管理[M].北京:机械工业出版社,2011.
[43] 许峰.老字号企业营销的SWOT分析及振兴策略[J].黑龙江对外经贸,2011(01):99-101.
[44] 莫伟平.从设计管理到企业核心竞争力[D].长沙:湖南大学,2004.
[45] 蔡军,李洪海.设计3.0的视角——设计管理中的设计知识结构[J].装饰,2016(12):88-92.

7 设计创新促进企业转型升级的测度研究

本书前面几个章节先后对设计创新与企业转型升级的概念、设计创新促进企业转型升级的机理，以及我国家具制造企业如何依靠设计创新促进转型升级进行了论述。本章将从文献理论研究和实证研究两个角度，对设计创新促进我国家具企业转型升级进行验证性探讨，依靠已有理论结果和企业调研数据，论证设计创新对我国家具企业转型升级的驱动作用，以为本书提出的观点提供支撑依据，也可以更加凸显前文提出的在我国家具企业内开展设计创新活动的必要性及其对企业发展的重要意义。

7.1 理论层面的测度研究

从现有的理论研究来看，有关转型升级的研究文献较多，但以转型升级的驱动要素为主要研究对象的文献还比较有限，并且这些文献也多集中在区域转型升级、产业转型升级等较为宏观的层面，从企业的角度探求转型升级驱动因素的文献数量不多。

7.1.1 测度对把握企业转型升级驱动因素的重要性

目前，转型升级已经成为国家、城市、区域、企业等各个层面关注的重要话题，尤其是在 2008 年国际金融危机爆发以后，全球各地经济均受到不同程度的影响。在整体经济增长出现低迷的背景下，重塑对发展的管理和引导体系，并且加大新技术的研发力度成为各国经济复苏的重要突破方向[1]。我国是世界上最重要的经济体之一，企业转型升级发展势在必行。

对于我国企业，尤其是制造型和生产型企业，它们对转型升级并不陌生。在市场竞争压力和政府导向的共同作用下，在21世纪初，特别是在2010年之后，转型升级一直是这类企业绕不开的话题，并且很多企业也进行了非常努力的探索和尝试。

从政府引导来看，各级政府都推出了大量的有关转型升级的文件，明确了转型升级的方向和具体内涵。如国务院出台了《工业转型升级规划（2011—2015年）》《中国制造2025》《“十三五”国家科技创新规划》等一系列文件，其中就明确提出了有关我国经济转型升级的目标，具体体现在资源消耗控制、自主创新能力培养、产业结构调整等各个方面。在市场竞争方面，一些经营模式落后、产能过剩、思想保守、创新能力较差的企业由于自身不具备较强的竞争优势，逐渐被市场所淘汰。如据新浪网报道，在2013年至2016年间，我国家具行业就有大量的企业出现倒闭或老板跑路等现象，只在2015年一年的时间，在珠三角地区就有数十家家具企业倒闭，其中以中小型企业居多。

另一方面，我们也要看到，在各种压力下，一些企业和地区也积极地进行了转型升级的探索并取得了一定成效。如在广东地区，第二产业和第三产业表现出了超前的发展速度，并且第三产业发展的速度明显快于第二产业，一些高端化和智能化的高科技产业的发展速度更加明显，转型升级成效显著[2]。在长三角地区，在2000年至2004年，以第一产业向着第二产业转型为主，且速度较快，而在2005年至2009年间，第二产业向着第三产业转型表现出更快的速度，并且企业的劳动生产率明显提高[3]。另外，从具体的行业层面来看，一些行业的原材料构成更趋于合理，产品不断优化，企业创新能力也不断增强，如从山东地区的造纸业来看，草浆产量不断降低，而木浆产品不断提升，一些系列化、轻型化和环保化的产品逐渐成为重要的发展趋势，并且还有大量的科技研发机构不断涌现等等[4]。最后，就具体的企业情况而言，一些企业在开展了转型升级的实践尝试之后，取得了更好的发展空间。如格兰仕慢慢摆脱了OEM的经营模式，逐步向着“百年企业，世界品牌”的方向过渡，并且在2008年其自有品牌的出口额已经占到出口总额的50%左右，企业品牌附加值不断增强，自主创新能力得到较快提升[5]。

此外，转型升级的影响因素更趋复杂，且各种因素交织在一起。在转型升级的过程中，各区域及各类企业对影响转型升级的因素更加关注，学术界对此也展开了一定程度的研究，其中受关注度最高的因素就是企业的自主创新能力，并且很多学者都从技术创新的角度对企业创新行为进行了深入的探讨[6-7]。另外，也有学者提出企业的规模、市场结构[8]、政府引导与扶助政策[9]、行业特征[10]、出口的技术标准[11]以及企业家创新精神[12]等众多因素都会对企业转型升级的进程产生重要的影响，并且这些因素难以分割，相互影响，交织在一起，共同推动了企业的转型升级。我国家具行业有着同样的特征，在推动企业转型发展的过程中，影响因素较多，各因素在不同发展阶段发挥作用的方式及效应有着一定的区别，家具企业的转型升级是由一系列的因素集成作用的结果。因此，为更好地推动企业转型升级的发展，发挥关键因素的驱动效应，企业应根据自身的状况（如发展的阶段特点、问题、主要制约因素等），识别这些因素效应的形成机理，有的放矢，积极推动企业发展。

综上，转型升级已经成为我国制造型企业发展的主要趋势，并且很多地区和企业都进行了积极尝试，也取得了可喜的成果，我国家具企业同样如此。但目前多数家具企业对自身转型升级发展的程度、速度、方向以及效果并没有清晰的认知，相关的研究文献较少。因此，这些企业难以科学合理地估测自身转型升级发展的状况，更无法及时地掌握企业在转型升级不同阶段的特征及自身存在的问题。另外，由于转型升级的影响因素过于复杂，企业难以识别不同时期转型升级的主要驱动因素，从而不利于企业未来的发展[13]。因此，对我国家具企业转型升级进行测度，有利于企业更好地了解自身发展的状况，把握不同阶段的发展特征，辨识其中较为重要的驱动因素，最终更好地促进企业转型升级的发展。本书主要探讨设计创新与企业转型升级之间的关系，因此也主要基于设计创新的角度，分析设计创新对我国家具企业转型升级的驱动作用。

7.1.2 创新驱动企业转型升级的理论研究

在现有关于企业转型升级影响因素的研究中，一般都会提到企业的自主创新能力。创新对产业、区域以及企业转型升级的驱动作用已经得到学术界的普遍认可，在政府出台的各类有关推动转型升级的文件中，创新也是出现频率较多的词汇。

在对创新的研究中，现有文献又多围绕技术创新展开，如 Grossman 和 Helpman 通过对创新与经济活动之间关系的研究，发现关注于新技术创新研发的城市比依赖于传统经营方式的城市拥有更高的经济增长率，从而提出技术创新能力对城市区域的转型升级发挥着重要的推动作用[14]。另外，Nelson 等人也在研究中发现，技术的外溢有利于提高劳动生产效率，从而促进企业转型升级的发展[15]。岳意定等学者也从产业层面提出，要通过增强技术改造能力和技术创新能力来促进工业化的转型升级。他们认为，技术创新可以降低消耗，减少污染和排放，提高企业效益，并且新技术还可以通过转变已有的生产方式来优化企业的结构，所以企业应着重增强对技术创新能力的培养，加强技术研发活动，培养技术研发团队等[16]。

此外，也有一些学者认为企业整体的创新行为(不仅仅是技术创新)也会对企业转型升级产生积极影响。著名经济学家熊彼特在《经济发展理论》中通过对创新概念的阐述，系统地提出了创新的理论体系，也开创性地探讨了创新理论对经济发展的贡献，为后来创新驱动转型升级的研究奠定了基础[17]。另外，我国经济学家金碚还指出产业和企业的转型升级，不仅需要企业的创新突破行为，而且还需要经历相当长的时间。如在汽车行业，要不断地研究新能源的应用形式，而新能源汽车则意味着汽车的重大创新与变革，另外，他还通过成本与价格之间的差值变化说明了创新对企业发展的重要影响，由此论证了创新对企业转型升级的推动。这里，金碚提到的创新，不仅仅指技术创新，还包括工艺、质量、售后模式等方面的创新，并以三一重工、中联重科、比亚迪汽车等企业作为案例进行论证和说明[18]。陈敦贤在其研究中也指出，知识创新是产业结构调整与产业升级的核心因素之一，并且他提出的知识创新，是区别与单纯的技术创新而言的[19]。李维森等人通过研究发现，与科技创新一起，生产方式、产品形式、服务模式、管理机制、人才队伍等方面的创新和变革是测绘地理信息产业转型升级的重要途径，并且在众多手段中，重点是服务方式的创新[20]。这里提到的产品形式与服务方式，更多地与技术创新相区别，而指向了设计创新的因素。吴家曦和李华燊通过对浙江省中小企业转型升级的调查，从推动和拉动两个角度，将企业转型升级的影响因素分为市场渠道创新、技术创新、成本创新、环境创新等若干不同的方面，他还着重强调了金融政策的创新对企业升级的影响[21]。王磊、谭清美等人还提出了企业产业链平台的概念，他们指出所谓的产业平台，即集成生产、服务或技术的平台，它为公司提供互补产品、服务或技术，并且该产业平台的主要功能是实现公司或企业在管理、知识、技术等方面创新，这种创新需要置于宽泛的产业背景中，促进企业或产业的不断转型升级[22]。

由以上文献可知，创新已经成为企业转型升级的重要因素，并且得到了学术界的广泛认可。虽然在目前对驱动企业或者产业结构升级的研究中，学者们多集中在技术创新因素的研究上，但是也有一些学者发现创新的内涵较为广泛，除了技术因素外，企业其他形式的创新活动同样对转型升级发挥着积极的作用。

7.1.3 设计创新对企业转型升级的驱动

从现有理论文献的研究结论看，创新对转型升级发挥着重要驱动作用。设计创新作为创新的重要形式之一，也必定会对产业、区域、城市以及企业的转型升级产生积极的正向引导意义。

本书第2章在已有研究文献的基础上，系统性地梳理了设计创新驱动企业转型升级的机理过程，基于转型升级与设计创新的概念内涵，对设计创新的绩效表现进行分析，通过设计绩效表现与转型升级目标之间的对应关系，搭建了二者之间存在的内在联系，也在一定程度上反映了设计创新对企业转型升级的驱动作用。

虽然从设计创新的角度探讨设计驱动转型升级的文献并不多，但也有一些学者从某些角度展开了积极的论述。卫杨红等人以服装行业为例，探讨了影响企业转型升级的因素，他们指出品牌塑造是服装企业转型升级的必经途径，通过对红领集团、雅楚公司等企业的分析，他们提出了定制设计的概念，强调个性化、交互式、超前性产品设计的重要性，从而论述了设计对服装行业转型升级的重要性[23]。另外，周正柱在对民营企业转型升级的研究中，也强调了品牌文化塑造的重要性，他提出了民营企业转型升级的三个途径：一是通过设计活动提高产品的附加价值；二是推广品牌形象，实施差异化战略；三是转变管理方式[24]，其中前两种途径都与设计创新活动密切相关，并且他还通过实证研究对该理论进行了验证。田少煦等人还专门以设计创意产业为对象，研究其对企业核心竞争力提升以及产业转型和优化升级的作用，他们指出设计创意产业有利于推动城市和地区的产业结构升级，而且这种作用还表现出一定的持久性。他们还以深圳为例，指出深圳的设计创意产业除了关注传统设计领域之外，还应积极探索数字传媒、信息领域的设计形式[25]。许海峰在研究东阳红木家具产业发展的过程中，提出设计创新是改善当前东阳红木和木雕行业发展困境的唯一途径，传统手工艺行业要通过设计塑造品牌优势、摆脱低端、拒绝复制、追求原创，积极开展新产品设计研发活动。在促进企业转型升级的途径方面，他指出企业要依靠设计活动拓展东阳木雕的应用场所及环境，拓宽产品的种类，锁定目标人群，进而实现企业在新市场环境下的转型与升级[26]。管宁也指出创意设计产业对经济发展的转型升级发挥着引领作用，并且他还分析了现代设计与传统设计的区别，他认为现代设计要从“传统形式向着高端综合设计服务转变”，传统设计关注于功能与美学，而现代设计更侧重于结构、使用方式以及用户体验等。他还通过对苹果公司发展历程的分析和对 ZARA 等品牌成长过程的梳理，指出这些企业的成功都离不开强大的设计做后盾，由此他认为设计创意对不同行业的转型与升级都具有举足轻重的意义[27]。

在设计创新促进企业价值链转型升级的研究中，多数学者都会选择从价值链的角度进行阐述。如 Hobday 在 20 世纪 90 年代中期就提出 OEM——ODM——OBM 的价值链转型升级路径，从而较为系统地指出了代工型企业转型升级的方向。在这条路径中，ODM 和 OBM 都强调产品的差异化定位，并且它们也都离不开设计创新的带动[28]。在我国也有一些学者对此路径进行过分析，学者夏先良认为，本土企业可以尝试 OEM——ODM——OBM 发展的模式，并通过这条路径着力提高企业竞争力，向价值链的高端阶段转型[29]。毛蕴诗等人也认为 OEM——ODM——OBM 是企业转型升级的典型路径，他们通过对蒙发利、尹利浦等企业的分析，在已有研究文献的基础上，指出企业转型升级要从产业链的源头出发，即产品设计的“ODM 高级阶段”介入[30]。我国设计教育的著名人物柳冠中教授也从原创设计的角度探寻过企业发展的动力来源，他指出原创设计必须从“造型设计”向前推至“原理研究”，促进整条原创设计链的完善，并注重向深度发展[31]。

由以上对现有文献的梳理可见，设计创新与技术创新等企业其他创新活动一样，对产业、区域、城市以及企业的转型升级发挥着巨大的推动作用，并且这种推动作用多体现在产品升级、服务转型以及品牌塑造等方面，以上学者在各自的研究中均通过各种方法予以说明或证实。这些文献从理论的层面验证了设计创新活动对企业转型升级的驱动，家具行业作为制造型企业的典型代表，也必然处于这类被验证的企业范畴之中，即按照已有文献理论的观点，设计创新同样会对我国家具企业的转型升级产生积极的驱动作用。

7.1.4　研究小结

从现有文献的理论分析来看，由本章第二部分内容可知，现有文献对企业转型升级研究的文献较多，其中在涉及企业转型升级驱动因素的研究中，学者们普遍认为企业创新活动是促进企业转型升级的重要途径。

在对企业创新行为的研究中，现有学者又多以企业技术创新作为主要的研究对象，但同时也有学者提到了，企业其他形式的创新活动同样对企业转型升级的发展发挥着重要的驱动作用。其中，设计创新就是这些众多创新活动中较为典型的一种类型，由此也可以推断出设计创新能够驱动制造型企业转型升级的发展。

从现有关于企业设计创新理论的研究文献看，本书第 2 章系统性地梳理了设计创新驱动企业转型升级的机理过程。另外，在现有研究中，一些学者也在案例分析的基础上从不同角度对设计创新与企业转型升级之间的关系做出研究，如探讨了定制化、个性化设计对企业绩效的影响，以及设计创新对塑造和推广企业品牌的重要性等作出分析，这些都属于设计活动驱动企业转型发展的重要表现。在企业价值链升级路径方面，学者们又提出了 OEM——ODM——OBM 的企业发展方向，在这个过程中，设计活动同样对 ODM、OBM 两个高级阶段的实现发挥着关键性作用，企业原创设计制造及原创品牌制造的发展都依赖于企业设计创新能力的提升。因此，这些理论研究同样也证实了设计创新对企业转型升级的强大驱动作用。

7.2　实证层面的测度研究

在理论研究的基础上，本部分将从实证研究的角度，选择一定数量的样本企业展开调研，并依据调研数据，对设计创新驱动我国家具企业转型升级进行实证测度。

7.2.1　研究方法

1）测度方法

在测度思路上，本章主要拟采用定量测度的方法。具体思路为：

首先，确定企业设计创新与转型升级的变量指标。由于设计创新与转型升级都属于难以具体测量的潜变量，因此需要制定各自的可测变量。依据现有文献对二者测度方法和各自反映指标的研究，并结合我国家具行业的具体特征，寻求能够分别体现企业设计创新能力与转型升级水平的若干可测变量指标。

然后，选择一定数量的企业作为对象，对现阶段我国家具企业设计创新能力与企业转型升级水平进行实证调研。采用的方法主要有访谈法、问卷调研法等，通过这些方法获取样本企业在设计创新与转型升级两个层面的表现数值。

接着，对数据进行分析和处理。将所搜集的有效数据，通过坐标轴的形式予以表现。如将设计能力值对应于坐标轴的 X 轴，转型升级水平值对应于 Y 轴。于是这些企业就以散点的形式呈现在坐标轴上，接着再对所有企业的散点分布图进行拟合，并求取拟合方程。

最后，根据散点分布图及其拟合曲线的特征，判定企业设计创新与企业转型升级之间的关系，并以此来判断二者之间存在的相关性。

2）变量的确定

(1) 设计创新能力的变量

在企业设计创新能力的体现指标上，本章借用第 5 章中的内容，在已有相关研究成果的基础上，结合家具行业的产品特点，以企业对产品造型、CMF、功能、使用方式四个方面创新点的选取能力、挖掘能力和表现能力作为企业设计能力的可测变量指标。

(2) 转型升级水平的变量

在企业转型升级水平的反映指标上，由本书第 2 章的内容可知，设计创新对企业转型升级的推动作用主要体现在价值链提升、产业链提升、创新链提升以及生产要素的组合优化等方面。本章研究的主要目的就是对这种驱动作用的测度和验证，因此在企业转型升级指标的确定上，本章将根据第 2 章对现有转型升级文献的梳理和分析，从以上四个方面寻求相关的测度变量。

在价值链提升的测度方向上，由上文对现有文献的梳理可知，现有研究主要将企业在价值链上的转型升级路径总结为“OEM——ODM——OBM”的形式，这一路径反映的是企业产品附加价值和品牌影响力的提升过程。在不同的发展阶段，企业产品的附加价值及其品牌影响力有着差异性的表现。学者杨桂菊在研究代工企业转型升级的过程中，也同样提出了“OEM——ODM——OBM”的发展路径，并且她还以3家本土企业作为案例进行分析，在研究过程中为了更加清晰地阐述该过程在不同阶段的特征，她又将这一过程描述为“代工生产——代工设计——自主品牌——国际品牌”四个阶段，并以此对企业进行阶段划分[5]。由此，本章基于这一过程解释，为了定量化研究的需要，对其进行适当调整，以企业的品牌塑造能力作为企业转型升级在价值链提升方向上的测度指标，并将其划分为“代工生产——代工设计——自主品牌——国内著名品牌——国际知名品牌”五个阶段，以辅助被调研者对其进行评价打分。

在产业链提升的测度方向上，由第2章内容可知，企业转型升级体现在产业链上主要指企业从产业链上的边缘环节或者附属环节向着核心环节转移，即表现为企业对整条产业链掌控能力的提升。李伟等人指出，企业在产业链中的位置差异，或者其对产业链的掌控能力会严重影响企业对商品的定价能力与独占交易行为[32]（所谓独占交易，是指在产业链中具有较强掌控力的企业，通过与其上、下游的其他经济体签订独占性的交易合约，以禁止这些经济体与其竞争者进行交易的行为[33]），并且这里的独占交易最终也会通过企业的定价能力得以体现，如为获得独占交易条款来降低商品价格，以使其他经济体获取补偿，或者通过提高商品价格迫使其他经济体接受独占交易的条款等。另外，刘德学等人也指出企业在商品价格方面的影响力（如议价能力）体现了企业的生存能力，并且这种价格影响力不仅指企业对下游经济体产品价格的控制力，还包括对产业链上游经济体产品价格的影响力。另外，他们还将企业对价格的这种控制力，按照程度差异，划分为很强、强、一般、弱、很弱五个等级[34]。基于此，本书以企业对商品的定价能力作为企业在产业链提升水平上的测度变量指标，并借用“很弱—弱——一般—强—很强”这种等级划分的方法，来获取定量化的调研数据。

在创新链提升的测度方向上，由第2章的分析可知，企业创新活动的主要形式体现在技术创新与设计创新两个方面，并且二者相互影响、相互带动。另外，所谓设计创新对企业创新链的影响，也即为设计创新活动对企业其他创新行为的带动和促进作用。因此，从某种意义上来说，设计创新对企业创新链的影响，更多地反映在了企业技术创新方面，并且企业在其他方面的创新表现也是基于技术创新和设计创新共同作用而引发的。在现有文献研究方面，王玉燕等人在评价中国企业转型升级战略的研究中，明确将技术创新作为评价指标体系中反映企业创新能力的重要指标[35]。同样，上文提到的刘德学等人也将企业的技术能力作为企业转型升级状况测度的重要变量，并且将企业的技术创新能力划分为4个不同等级："国内一般——国内先进——填补国内空白——世界先进"[34]。因此，本章为测度企业设计活动对企业创新链的作用程度，采取企业技术创新能力作为企业转型升级水平在创新链上的反映指标，同时也借鉴刘德学等人的划分依据，将企业技术创新能力划分为"国内较低——国内一般——国内先进——填补国内空白——世界领先"5个等级，以辅助调研对象做出定量化的评价。

在生产要素组合优化方向上的测度，由第2章内容可知，设计创新促进企业转型升级的另一个重要表现就是企业生产要素构成中的有形要素比重逐渐降低，而无形要素的比重逐渐增加。学者程虹等人在研究中国企业转型升级的状况和路径时，也明确提出了企业全要素生产率的评价指标。所谓全要素生产率(TFP)，即除资源、原材料、人力等成本要素投入之外的技术、管理、制度等多种要素对企业经济增长的贡献率[36]。他们认为全要素生产率体现了企业的绩效状况，而企业的绩效状况又可以从投入和产出两个方面来评价，其中投入方面主要指企业从依靠要素数量为主的投入构成向依靠创新为主的投入构成转变，而产出方面主要指前文讲的价值链层级的提高[37]。基于此，本章在测度企业转型升级在生产要素组合优化方向上的表现程度时，借用程虹等人提出的评价指标，同时考虑到我国家具行业的特点，即企业技术、管理、制度等成本要素的投入以及企业经济增长情况难以精确估算的实际状况，拟借用企业单位产品的原材料、人力、土地、能源等要素成本的消耗费用在产品单价中所占的比重作为评价的指标。另外，为了辅助被调研者能够更好、更准确地做出评价，本章在企业生产要素组合优化水平的评价等级划分上，采用"较高——高——中等——低——较低"五个层级。另外需要说明的是，由于本指标最终需要得到的是"技术、管理、制度"等要素投入在价格中的比重，而非"原材料、人力、土地、能源"等消耗费用所占的比重，所以此处指标若所得数值较高，则意味着"技术、管理、制度"等要素投入在价格中的比重较低，因此为了在数值上与企业转型升级的水平保持同向性，此处将"较高"和"高"放在了评价数值较低的初级等级，而把"低"和"较低"放在了评价数值较高的高级等级。

由此，本章最终确定的主要研究变量如表7.1所示。

表 7.1　本章主要研究变量

潜变量	反映指标	可测指标	评分
设计创新能力	产品造型挖掘与表现能力		1—2—3—4—5
	产品 CMF 挖掘与表现能力		1—2—3—4—5
	产品功能挖掘与表现能力		1—2—3—4—5
	产品使用方式挖掘与表现能力		1—2—3—4—5
转型升级水平	价值链提升水平	品牌塑造能力	代工生产(1)—代工设计(2)—自主品牌(3)—国内著名品牌(4)—国际知名品牌(5)
	产业链掌控能力	产品定价能力	很弱（1）—弱（2）——般（3）—强(4)—很强(5)
	创新链提升水平	现有技术水平	国内较低(1)—国内一般(2)—国内先进(3)—填补国内空白(4)—世界领先(5)
	生产要素组合优化水平	单位产品原材料、人力、土地、能源等禀赋资源要素成本在产品单价中的比重	较高（1）—高（2）—中等（3）—低(4)—较低(5)

3）数据搜集的方法

（1）量表制定

本部分拟采用定量化的研究方法，在数据的获取上仍然采用问卷调研加企业访谈的形式进行。在企业设计能力与转型升级各指标的数据获取方面，本部分同样拟采用 Likert 量表的形式来设置调研问卷。另外根据上文对企业转型升级各变量指标的阶段划分，本章问卷将采用 Likert 5 级量表的形式来设置问卷内容。具体的问卷和访谈内容详见附录 6 和附录 7。

（2）调研对象

由于本章主要通过企业设计能力的变化与企业转型升级程度的差异来探讨二者之间的关系，因此本章在选取研究对象时，尤为注重样本企业在设计能力上的表现。另外，又由于目前我国多数家具企业设计创新的能力不足，甚至有的企业仍然在沿用代工生产的模式，所以对许多企业来讲，设计绩效的发挥并不够显著，并且本章拟通过企业散点分布图的形式来探讨设计创新与转型升级之间的关系，所以选取的样本数量较为有限。基于这些原因，为避免所选取的有限个数的样本企业在设计能力上都处于较低的水准，本章在选取样本时沿用第四章在研究企业设计战略定位时所采用的标准，即尽可能地将研究对象锁定在具有一定设计创新能力的我国家具制造企业上。

另外，在访谈和调研人员的选取上，由于本章的调研内容与企业设计活动、经营策略等内容密切相关，而企业设计部门和企业高层对这些信息的掌握往往更加清晰。因此，本章在调研和访谈人群的选择上，主要以企业设计部门的负责人及企业中高层管理人员为主。

7.2.2 研究实施

1）调研展开

按照上述原则，本书对我国家具制造型企业展开调研。在家具企业的选择上，共涉及 12 家企业。基于资料获取的便利性，在这 12 家企业当中包含了本书第五章在设计战略评价研究时所提到的 9 家设计创新能力较强的家具企业，另外为了加强研究结果的说服力，本章又新添加了 3 家企业。本章调研的 12 家家具企业多数分布在我国珠三角和长三角等家具产业聚集地区，在市场中具有一定的品牌影响力，并为多数客户所熟知。企业的具体信息请参考附录 2 和附录 8。

另外，如上文所述，本章拟采用调研问卷的形式获取数据。为了保证所得数据尽可能真实地反映出企业的信息，减少受访者主观因素的影响，在问卷的发放上，本次调研对于选定的每家企业保证有不低于 4 份的有效问卷的回收数量。若某一企业的有效问卷低于 4 份，则重新对该企业进行二次问卷调研，并在调研结束后将问卷结果提供给原调研对象，供其确认。按照这一原则，共发放调研问卷 60 份，其中有效问卷 58 份，并且满足每一个企业有效问卷的回收数量都不低于 4 份的要求。

2）数据处理

由于本章在企业定量化研究方面，拟采用企业散点图的方法进行分析，因此每个企业只需要一组能够反映其整体设计创新能力和企业转型升级水平的最终数据。由此，对于每一企业这两个整体数值的求取，本章拟采用以下方法：

首先，对每一企业所有回收的有效问卷中的每一项变量值求平均，则该平均值即为该企业在该变量上的整体得分。该步骤的目的主要在于将企业的多组数据转化为一组数据。

然后，将本次调研搜集到的所有企业在各个变量指标上的整体得分进行无量纲化处理，以便于后期对不同变量数值的计算和对比。具体方法同第三章提到的数据标准化处理的方法一样。

最后，采用第五章在计算企业设计创新能力和设计绩效时所提到的方法，求取本章 12 家企业设计创新能力和转型升级水平的整体得分。即首先通过专家评价法对企业设计创新能力的四项变量指标：造型设计能力、功能设计能力、CMF 设计能力以及使用方式设计能力进行两两重要性评估；然后再借用 AHP 层次分析法来确定各个变量指标在构成企业创新设计能力时各自所占的权重；最后根据各企业在四个变量上的得分及各自权重，计算各个企业设计创新能力的整体数值[38]。采用同样的方法，也可以计算出 12 家企业在转型升级水平上的整体数值。

通过 AHP 层次分析法，本书求得的企业设计能力中的四个指标：造型设计能力、CMF 设计能力、功能设计能力、使用方式设计能力，各自的权重分别为：0.471、0.284、0.171、0.074；同时，求得的企业转型升级水平的四个指标：品牌塑造能力、产品定价能力、技术创新能力以及生产要素组合优化水平，其权重分别为：0.336、0.221、0.299、0.143。

7.2.3 研究结果及分析

1）研究结果

根据上述方法，本章对 12 家企业的调研数据进行计算，得出的最终结果，如表 7.2 所示。

表 7.2 本章研究结果

企业编号	设计创新能力	转型升级水平
A	0.886	0.934
B	0.655	0.753
C	0.463	0.270
D	0.637	0.615
E	0.879	0.850
F	0.153	0.159
G	0.702	0.877
H	0.423	0.527
I	0.721	0.688
J	0.263	0.145
K	0.676	0.568
L	0.541	0.375

2）结果分析

将上文调研的我国 12 家家具制造企业的数据利用 SPSS 软件 22.0 版本绘制散点分布图，其中将企业设计创新能力数值作为坐标轴的 X 轴，而将企业的转型升级水平值作为 Y 轴，得到的图形如图 7.1 所示。

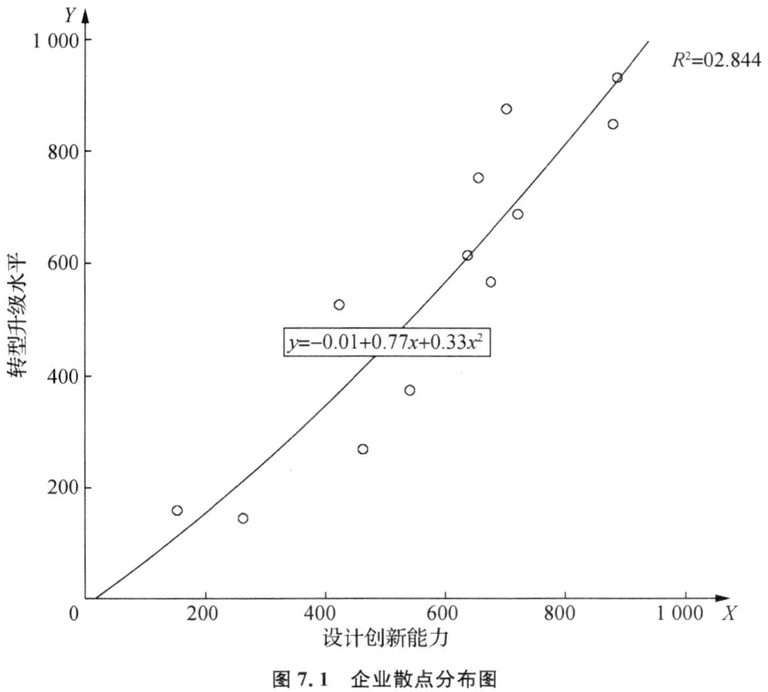

图 7.1 企业散点分布图

由图可见，图中的各企业散点在分布上呈现出一定的规律性，即从整体的分布状况来看，随着企业设计创新能力的增加，企业转型升级的水平也表现出增加的趋势。尽管企业的设计能力较强并不一定表示该企业在转型升级水平上肯定会大于比其设计能力稍弱的家具企业，但根据所有的12家家具企业构成的整体情况看，企业设计创新与企业转型升级之间却具有较强的同向关联性。在普遍情况下，企业设计创新的能力越强，该企业转型升级的水平往往越高。

由软件分析得出，该拟合曲线的拟合优度 $R^2=0.844$，表明该拟合曲线对数据具有较高的拟合度。同时，由软件计算出的拟合方程为：$y=-0.01+0.77x+0.33x^2$，从该方程也可以看出，企业设计创新的能力与企业转型升级的水平之间存在着明确的一元二次方程正向关系（根据实际情况，方程中 $x\geqslant 0$）。

综上，基于实证调研数据结果及其散点分布图可见，在我国家具制造行业内，企业的设计创新能力越强，往往企业转型升级的发展水平越高，设计创新与企业转型升级二者之间表现出较为显著的正向关联性。

7.2.4 研究小结

从实证研究来看，本章基于现有文献对企业设计创新能力及企业转型升级的研究成果，寻求变量指标，并以我国家具制造型企业为对象，选取12家设计密集型企业展开实证研究。根据调研的企业设计创新数据与企业转型升级的数据，绘制12家企业的散点图。从散点图的整体分布来看，设计创新能力较强的企业，其转型升级的水平往往较高，说明企业设计能力与转型升级水平之间表现出较高的同向关联性。另外，从散点图的拟合曲线来看，企业设计能力与企业转型升级水平在数值上呈现出明确的一元二次方程关系。拟合方程表明，企业设计创新能力的提高，能够显著地驱动企业转型升级的发展。由此，实证研究的数据也证实了设计创新对企业转型升级的正向相关性。

7.3 本章小结

本章主要是对本书提出的观点进行验证，即以我国家具制造型企业为对象，对设计创新促进企业的转型升级的作用进行测度。本章主要结论有：

(1) 从现有理论研究成果看，设计创新能够促进企业转型升级。现有研究文献和政府相关文件普遍指出创新是促进企业转型升级的重要手段。设计创新作为一种典型的企业创新活动，必然也会在企业转型升级中发挥积极作用。另外，也有学者指出设计创新有助于企业品牌形象的提升、有助于增强产品的附加价值等，表现出其对企业转型升级的驱动。

(2) 从实证数据看，设计创新与企业转型升级之间存在显著正相关关系。在实证测度方面，通过对数据处理发现，基于设计创新能力和转型升级水平数值构成的企业散点分布图，发现二者存在正相关性，并且由散点图得出的拟合曲线方程也说明了企业设计创新能力能够显著地驱动企业转型升级的发展。

参考文献

[1] 张占斌，樊继达. 坚定不移推动经济转型升级[R]. 人民日报，2014-4-8(7).

[2] 邓春玉. 广东产业转型升级测度及要素空间演化响应机理研究[J]. 广东行政学院学报，2013，(01)：78－84.

[3] 谭晶荣，颜敏霞，邓强，等. 产业转型升级水平测度及劳动生产效率影响因素估测——以长三角地区 16 个城市为例[J]. 商业经济与管理，2012(5)：72－81.

[4] 白杨，邹志勇，王泽风. 山东造纸产业转型升级发展水平测度研究[J]. 中华纸业，2016(11)：64－67.

[5] 杨桂菊. 代工企业转型升级：演进路径的理论模型——基于 3 家本土企业的案例研究[J]. 管理世界，2010(06)：132－142.

[6] 金碚，吕铁，邓洲. 中国工业结构转型升级：进展、问题与趋势[J]. 中国工业经济，2011，(02)：5－15.

[7] 何永达，邓云伟，赵志田. 技术创新与浙江省民营经济转型升级的实证研究[J]. 经营与管理，2013(02)：122－125.

[8] Schumpeter J, Swedberg R. Capitalism, Socialism and Democracy[M]. New York: Harper Perennia, 1994.

[9] Guangzhou Hu A. Ownership, Government R&D, Private R&D and Productivity in Chinese Industry[J]. Journal of Comparative Economics, 2001

(29):136－157.

[10] 安同良,施浩,Alcorta L. 中国制造业企业 R&D 行为模式的观测与实证——基于江苏省制造业企业问卷调查的实证分析[J]. 经济研究,2006(2):21－30.

[11] 孔伟杰,苏为华. 中国制造业企业创新行为的实证研究——基于浙江省制造业 1454 家企业问卷调查的分析[J]. 统计研究,2009(11):44－50.

[12] 朱海就,张昭时. 浙商的企业家才能对企业绩效的贡献度研究——基于产业转型升级的背景[J]. 浙江社会科学,2011(10):25－29.

[13] 陈淑嫱. 福建省产业结构升级测度研究[J]. 集美大学学报(哲社版),2016(01):50－56.

[14] Grossman G M, Helpman E. Innovation and Growth in the Global Economy [M]. Cambridge, MA: The MIT Press, 1991:206－237.

[15] Nelsom R R, Phelps E S. Investment in Humans, Technological Diffusion, and Economic Growth[J]. American Economic Review, 1966(56):69－75.

[16] 岳意定,谢伟峰. 城市工业转型升级发展水平的测度[J]. 系统工程,2014(2):132－137.

[17] 熊彼特,郭武军,经济发展理论[M]. 吕阳,译. 北京:华夏出版社,2015.

[18] 金碚. 中国工业的转型升级[J]. 中国工业经济,2011(7):5－14.

[19] 陈敦贤. 知识与技术创新:产业结构变迁的动力(上)[J]. 武汉金融高等专科学校学报,2000(1):3－8.

[20] 李维森,张贵钢. 测绘地理信息创新发展与转型升级[J]. 地理空间信息,2017,(10):1－4.

[21] 吴家曦,李华燊. 浙江省中小企业转型升级调查报告[J]. 管理世界,2009,(08):1－5.

[22] 王磊,谭清美,陆菲菲. 产业创新平台发展回顾与展望[J]. 科技进步与对策,2017,34(07):154－160.

[23] 卫杨红,朱伟明. 全球价值链下服装代加工品牌转型升级路径[J]. 经营与管理,2017(12):34－37.

[24] 周正柱. 民营企业转型升级路径——基于上海市奉贤区企业多案例研究[J]. 首都经济贸易大学学报,2017(6):79－85.

[25] 田少煦，孙海峰. 创意设计的发展走向与核心竞争力[J]. 深圳大学学报(人文社会科学版)，2010(03)：136－141.

[26] 许海峰. 基于设计创新视角的东阳木雕红木家具产业转型升级研究[D]. 杭州：浙江理工大学，2015.

[27] 管宁. 创意设计：引领经济发展转型[J]. 艺术百家，2015，31(03)：70－75

[28] Hobday M. Innovation in East Asia：The Challenge to Japan[M]. UK：Edward Elgar Publishing，1995.

[29] 夏先良. 中国企业从 OEM 升级到 OBM 的商业模式抉择[J]. 财贸经济，2003(09)：64－69.

[30] 毛蕴诗，郑泳芝，叶智星. 从 ODM 到 OBM 升级的阶段性选择[J]. 技术经济与管理研究，2016(02)：45－51.

[31] 柳冠中. 原创设计与工业设计产业链创新[J]. 中国制造业信息化，2008(22)：44－48.

[32] 李伟，安岗. 上游企业定价能力与独占交易排他条件[J]. 产经评论，2017，8(04)：74－85.

[33] Bernheim，D. Whinston，D. Exclusive Dealing[J]. Journal of Political Economy，1998，106(1)：64－103.

[34] 刘德学，苏桂富. 中国加工贸易升级状况分析：基于全球生产网络视角[J]. 国际商务. 对外经济贸易大学学报，2006(04)：21－26

[35] 王玉燕，林汉川，吕臣. 中国企业转型升级战略评价指标体系研究[J]. 科技进步与对策，2014，31(15)：123－127.

[36] 鲁晓东，连玉君. 中国工业企业全要素生产率估计：1999—2007[J]. 经济学(季刊)，2012，11(02)：541－558.

[37] 程虹，刘三江，罗连发. 中国企业转型升级的基本状况与路径选择——基于 570 家企业 4794 名员工入企调查数据的分析[J]. 管理世界，2016(02)：57－70.

[38] 朱茵，孟志勇，阚叔愚. 用层次分析法计算权重[J]. 北方交通大学学报，1999(05)：119－122.

8 研究结论与展望

经过 30 多年的现代化发展，我国家具行业取得了巨大的成就，从 2005 年开始，中国已经成为世界上最大的家具出口国。但近些年来，随着国内外贸易环境的快速变化以及个性化消费需求的增强，家具市场已经完成了从单纯的功能消费形式向个性化、品牌化消费形式的转变。从行业的整体发展情况来看，转型升级已经成为我国家具企业发展的必然趋势。在有关企业转型升级的研究中，创新是学术界普遍认可的驱动因素。在现有文献中，学者们对创新的研究多以技术创新为对象，而从设计创新的角度探讨企业转型升级的研究还较少。家具行业属于典型的技术密集度较低的传统制造型行业，产品对技术的依赖度偏低，但形态、功能、结构、色彩等要素对产品价值的体现却较为显著。因此，同属于企业创新活动重要组成部分的设计创新，应该在这类企业转型升级中发挥更为明显的作用。基于此，本书从设计创新的角度，探讨了我国家具制造企业转型升级的理论依据和实践方法。本章将对本书所论述的内容进行系统性总结，分析文章局限性并指出未来可能的研究方向。

8.1 研究结论

本书前 7 章主要对课题研究的背景与缘由、理论基础、企业实践指导、结果验证等方面展开了阐述，围绕我国家具企业转型升级的整体发展趋势，着眼于设计创新，探索设计创新驱动我国家具制造企业转型升级的理论依据与实践途径。在课题的研究中，本书主要运用了文献研究法、访谈法、问卷调研法、统计分析法、案例研究法等等。在部分章节中还构建了统计方程，进行理论假设并验证，以定性定量相结合的方式探讨了设计创新与企业转型升级之间的关系，并为我国家具企业开展设计创新的途径提出了若干思路和建议。具体来说，本书的主要结论如下：

1）从理论层面梳理了设计创新驱动制造型企业转型升级的机理

本书通过对二者概念的分析，梳理出设计创新的主要特点、设计绩效体现的主要方面，以及企业转型升级的内涵等，提出设计创新主要从四个方面驱动企业转型升级的发展：① 设计创新通过提升企业在产业链中的位置层级来促进企业的转型升级。② 设计创新通过对企业价值链的提升促进企业转型升级。③ 设计创新通过优化企业生产要素的构成驱动企业转型升级。④ 设计创新通过激发企业创新链的形成驱动企业转型升级。

2）梳理了我国家具制造企业转型升级的现状问题及影响因素

在国际市场上，我国家具企业受到一些新兴制造国家的竞争，同时单位产品的附加价值偏低；在国内市场，个性化消费需求成为主要趋势，市场竞争同样激烈。在企业内部，从行业整体状况来看，企业设计创新能力不强，产品特色不足，盲目跟风的现象严重。从原因看，一方面在于传统粗放型生产方式阻碍了企业的创新发展，另一方面企业对设计的使用过于急功近利，缺乏长远规划，另外我国知识产权的保护制度也尚不够完善。

3）从产业链和价值链升级的角度分析了企业设计战略的状况及构建方法

设计战略能够引导企业向产业链研发和营销环节转移，并带动产品附加价值的提升，从而发挥设计对企业转型升级的驱动作用。以企业内产品多样化以及企业间产品差异化作为设计战略评价维度，发现我国家具企业设计水平偏低，同质化现象严重，但部分企业已经开始注重设计对企业发展的作用。在设计战略的构建方法上，从长远发展来看，我国家具制造企业应逐步从模仿、跟风向原创设计转变，充分发挥设计价值，让设计更多地参与企业决策。

4）从生产要素配置优化升级的层面构建了我国家具制造企业设计创新的路径

设计路径的研究，能够识别企业设计投入的重心，提升知识、智力、管理等无形要素在企业要素配置中的效率和比率，从而驱动转型升级。基于现有文献，将企业设计创新路径划分为“前期设计投入——中期设计开展——后期设计绩效”三个部分，通过实证研究发现，企业高层对设计活动的重视程度、设计师教育背景、企业技术支持、设计设备投入对企业设计能力具有正向作用；企业在产品的CMF和造型方面设计能力对设计绩效表现出正向联系。因此，企业应进一步提高设计创新在企业决策中的影响力，有针对性和选择性地提高正向设计要素的投入，优化生产要素配置，促进企业转型升级。

5）从创新链升级的角度探讨了企业设计创新生态化管理体系的构建方法

企业设计创新的管理体系能够促进设计活动带动技术、结构、工艺、营销等多方面的创新，从而激活企业的创新链，为转型升级提供更多的动力来源。企业设计创新的生态化管理体系可以从三个层面展开：① 支撑层（主要为设计活动提供所需的人力、技术和信息保障）；② 组织层（主要为设计活动提供获取部门外部环境资源的支撑和保障）；③ 执行层（主要用以规范和约束具体设计项目的开展，提高设计活动的效率）。

6）对设计创新驱动我国家具制造企业转型升级进行了测度

从理论研究和实证研究两个层面，验证了设计创新对我国家具制造企业转型升级的驱动作用。在理论测度层面，创新作为企业转型升级的动力已经被学术界所认可，设计活动作为企业创新的重要形式，也必定对企业转型升级发挥推动效应；在实证测度层面，基于实证数据研究发现，企业设计能力与转型升级程度之间存在较为显著的正向相关性。由此，验证了设计创新对企业转型升级的驱动作用。

8.2 研究展望

1）可进一步深入研究之处

（1）在本书对企业设计战略研究部分，由于设计战略涉及的内容较多，本书只是基于家具产品的特征，选取其中较为重要的产品差异度作为研究对象，可能忽略了其他的表现因素，希望在未来的研究中，能够进一步对其进行更全面的考虑。

(2) 在本书对企业设计路径的研究部分，由于影响企业设计能力及设计绩效的因素较多，本书在确定各变量时可能缺少了对其他变量的考虑，如企业规模、企业已有发展实力等，希望后期能够对该假设模型进一步完善。

(3) 在数据搜集方面，由于本书涉及数据较多，覆盖的内容较广，并且很多数据采用调研方式获取，因此可能部分数据掺入了一定主观性，从而使结果发生偏差，这也是本书的局限性之一。

2) 未来可能的研究方向

本书主要是基于我国家具企业发展环境，从转型升级的角度，探讨设计活动在企业中开展的方法和途径。在研究中，涉及了设计战略、设计路径、设计体制保障等内容，但所覆盖的内容仍然较为有限。在进一步的研究中，可以尝试从以下几个方面进行深化：

(1) 探讨家具产业信息化、自动化生产与设计创新开展之间的关系。随着信息社会的到来，自动化、信息化生产将成为家具产业的重要模式，生产技术的变化影响了设计创新的过程，使得设计的过程、产品的特性都会产生巨大变化。因此，着眼于企业未来发展的趋势，探讨先进生产方式与设计活动之间相互作用的机制，研究技术创新、设计创新、市场消费者需求变化在产品研发、生产、营销整个过程中协同创新的模式，确定各种创新因素在不同阶段的角色地位将成为未来一个重要的研究课题。

(2) 以设计创新为对象，基于家具企业规模对企业设计开展模式进行分类研究。企业的规模和实力对企业创新能力具有至关重要的影响，实力较强的大型企业往往在设计创新方面的投入较大，并且更容易使设计活动得以常态化运行；而实力规模较小的中小企业，更倾向于采用委托设计的方式，这种差异对企业设计活动的开展及设计绩效表现都会产生影响。因此，基于企业规模，对企业进行分类，通过对比研究，探讨不同类型企业设计创新开展的模式、管理方法、评价方法，将对企业充分激发设计创新绩效具有重要意义，也将是未来研究的一个重要方向。

附　录

附录 1

企业转型升级发展现状及设计创新现状调研问卷：

您好，感谢您百忙之中参与本次问卷调研活动！本次调研的主要目的：

近些年，由于国内外贸易环境的快速变化和消费者购买需求的极度细分，家具产品的市场竞争日益激烈。在各种因素的综合作用下，我国家具企业发展的压力越来越大，从长远发展的角度来看，转型升级已经成为我国家具企业发展的必由之路。另外，众所周知，创新对于企业的发展至关重要，而设计创新近些年也越来越被社会所熟知，在企业转型升级的发展中，设计也必定扮演着重要的角色。因此，为更加清晰地了解我国家具企业发展的现状，掌握现阶段我国家具企业设计活动的基本特点，为企业的转型升级研究提供充实和丰富的资料，特制定本次调研问卷。

素仰贵公司在家具行业内具有较强的实力和影响力，我们希望您抽出宝贵时间对我们的研究给予宝贵的意见，您的参与将对本课题的研究具有重大的帮助，非常感谢您的配合。

1. 您企业的名称：________________________________

2. 企业成立时间：

5 年内□____　　5～10 年□____

10～20 年□____　　20～30 年□____

30 年以上□____

3. 企业员工总数为：

20 人以下□____　　20～300 人□____

300～1 000 人□____　　1 000 人以上□____

4. 企业近两年的年均销售额：

100 万元以下□____　　100～300 万元□____

300～1 000 万元□____　　1 000～3 000 万元□____

3 000 万元～1 亿元□____　　1～3 亿元□____

3～10 亿元□____　　10～50 亿元□____

50～100 亿元□____　　100 亿～以上□____

5. 企业所在的主要地区范围：

珠三角□____　　长三角□____

中部地区□____　　西部地区□____

东北□____　　京津冀地区□____

其他□____

6. 企业产品的主要销售范围：

国内□____　　国外□____

兼有□____

7. 如果您的产品销售范围在国外，那么产品是以什么形式销售的：

代工生产□____　　自有品牌□____

兼有□____

8. 在企业经营活动中，企业是否有转型升级的意图：

有□____　　无□____

9. 如果您的企业有转型升级的意图，企业转型升级的主要动机在于(本项可多选)：

竞争对手的压力□____　　利润降低□____

成本增长□____　　市场份额降低□____

生产效率低下□____　　政府部门引导□____

产品品质低下□____　　消费者需求特征变化□____

企业长远战略需要□____　　其他□____

10. 如果您的企业有转型升级的意图，企业采用的主要做法为(本项可多选)：

改变营销方式□____　　降低价格□______

控制成本□____　　品牌推广□____

提高生产效率□____　　改善产品功能□____

提高产品质量□____　　改变产品造型材料色彩□____

改善产品使用方式□____　　其他□____

11. 您企业内是否经常有新产品推出：

有□____ 无□____

12. 如果您企业有自己的产品，产品特征多以：

借鉴现有主流产品□____ 模仿为主□____

直接抄袭为主□____ 自主原创为主□____

兼有□____ 其他□____

13. 如果您企业有自己的产品，产品设计的主要方式为：

完全委托外部设计机构进行设计□____ 完全自主设计□____

以委托外部设计为主□____ 以自主设计为主□____

14. 如果您企业有自己的产品，企业每年对产品设计的投入占企业年产值的：

0.5%以下□____ 0.5%～1%□____

1%～2%□____

2%～3.5%□____ 3.5%～5%□____

5%～8%□____ 8%～12%□____

12%～20%____ 大于 20%____

15. 企业内部是否设有设计部门：

有□____ 无□____

16. 如果您企业内有设计部门，设计师的主要来源为(本项可多选)：

招聘设计专业毕业生□____ 企业结构部门人员转化□____

企业工艺部门人员转化□____ 招聘有经验的设计师□____

其他途径□____

17. 如果您企业内有设计部门，设计师的数量为(本项可多选)：

3 名以下□____ 4～6 名□____

7～10 名□____ 11～15 名□____

16～25 名□____ 26～40 名□____

41～60 名□____ 61～100 名□____

101～150 名□____ 151～200 名□____

大于 200 名□____

18. 如果您企业内有设计部门，设计师的工作主要集中在：

商场、卖场□____ 企业研发部□____

兼有□____

19. 如果您企业内有设计部门，设计师工作的主要任务(本项可多选)：

测量客户家具尺寸□____ 制定报价□____

客户洽谈□____ 绘制尺寸图□____

造型样式设计□____ 确定结构□____

确定材料□____ 确定工艺□____

风格潮流研究□____ 其他□____

20. 如果您企业内有新产品研发活动，如何确定新的产品方案：

主要由企业高层确定□____

设计师与企业负责人共同商议□____

企业各部门负责人共同商议□____

按照严格的企业设计决策制度决定□____

其他方法□____

本问卷到此结束，再次感谢您的配合！

您的职位：__________ 您的部门：__________ Email：____________________

附录 2

本书第 4 章设计战略选取的国内家具企业概况：

序号（编号）	企业名称	企业概况	企业设计获奖情况	参展信息	主营产品	企业设计情况
1(A)	澳珀家具	成立于 1994 年 11 月，集生产、设计、销售于一体的生产实木和板式家具的专业公司。产品主要市场以上海、北京、温州、南京、成都、重庆等国内市场为主	中国设计智造大奖、"优智奖"等	2013 年米兰设计周、海峡两岸文化创意展等、广州家具展、米兰家具展等	实木和板式家具，产品包括卧室、客厅、书房等产品	创建人为著名家具设计师朱小杰，努力塑造以设计为核心、民族文化为主题的家具品牌，有 30 多名平面设计师、家具设计师、室内设计师、建筑设计师、制图工程师及摄影师等
2(B)	顾家家居	专业从事客餐厅及卧室家具研究、开发、生产与销售，为全球家庭提供健康、舒适、环保的客餐厅及卧室家居产品。产品远销 120 余个国家和地区，在国内外拥有超过 3 000 家品牌专卖店，为全球家庭提供高品质的产品和服务，并与美国等多国家具品牌合作。2016 年 10 月顾家家居成功上市	荣获 100 多项设计大奖，700 余个原创专利	上海国际家具展、东莞国际名家具展等	从事客餐厅及卧室家具产品的研究、开发、生产与销售	资深的设计研发团队，除国内的设计研发中心之外，还与十余个国外设计团队合作，由欧洲设计师亲自带队，总计家具设计师、色彩专家、建筑设计师、工程师和室内设计师 100 多人
3(C)	左右	创立于 1986 年，中国客厅文化与幸福文化的引领品牌，拥有超 100 万 m^2 的亚洲家具研发制造基地，旗下推出了满足国内外用户多元化需求的"左右客厅生活馆""左右国际""左右现代美式""左右智美""左右乾坤""左右定制""纳菲迩"等多个产品系列，已陆续走向全球 178 个国家与地区，一直致力于国内外家具文化与技艺的融汇与创新	"金汐奖"沙发系列银奖、居然设计家杯家居工匠大师金奖、"龙行椅"沙发为 2015 年博鳌亚洲论坛特别制定国椅	上海家具展、深圳家具展、东莞家具展等	除主营客厅沙发外还兼营软体沙发床、办公系列沙发、茶几、地毯等客厅配套产品系列	左右家私联合意大利设计研发中心，追求"设计时尚，做工精细，选料考究，品质精良"的产品。拥有发明、实用新型及外观设计专利近千项

续表

序号（编号）	企业名称	企业概况	企业设计获奖情况	参展信息	主营产品	企业设计情况
4(D)	美克美家	建于 1990 年，旗下包括上市公司美克国际家居用品股份有限公司、新疆美克化工有限责任公司、美克置地等多家企业，产业涉及家具制造及出口、家居零售和精细化工等领域	美国家具设计师协会设计师巅峰奖等	广州家具展等	主营客厅、书房、卧房、餐厅等家具	邀请 Nora Murphy 等美国著名设计师加盟，倡导新生活方式的可能性
5(E)	皇朝家私	隶属洋臣木业（家具）集团，自 1988 年成立以来，为全球超过 300 万家庭提供健康、舒适、环保的客厅和卧房家居产品。拥有 13 000 名员工、13 大生产制造基地，1625 多亩国内及海外生产工厂，遍布一二三四级城市的 5 000 家专卖店，美国前三强家具巨头的顶级供应商	美国尖峰设计亚太奖、第六届国际名家具（东莞）展览会客厅家具系列铜奖、七届国际名家具（东莞）展览会客厅系列家具优秀奖等	广州家具展、深圳家具展、东莞家具展等	板木、实木、功能沙发、布艺沙发、真皮沙发、软床、床垫、儿童、美式家具等	在北京奥运会，承担了全世界各国顶级运动员及各新闻媒体的家具设计与制造工作，打造出奥运之家家具产品
6(F)	联邦家具	创立于 1984 年，是家具行业同时拥有“企业技术中心”“CNAS 国家认可实验室”的企业，属下有联邦家居、联邦米尼、联邦梦斐思、联邦高登、联邦宝达、联邦定制家六大子品牌	中国家具设计引领奖、中国家居原创设计突出贡献奖等	米兰国际家具展、广州家具展等	主营民用中高端实木家具、软体沙发、床垫、定制壁柜等	联邦集团专门成立了设计公司，吸纳国内及法国等国家和地区的优秀设计师加盟，建立起了一支近百人的设计师团队，投入了巨额研发经费进行家具产品的开发
7(G)	U+	2008 年创办于山东济南，致力于中国当代的原创家居设计与生产，将全球化的审美意识、文化思潮、时尚创意包容于家具设计中，为当代中国人的生活带来更多维度的乐趣与惊喜		上海家具展、米兰家具展等	客厅、书房等家具	其创始人为沈宝宏，具有工艺和设计背景，2012 年 4 月家具作品“宽椅”代表中国原创设计力量，赴米兰设计周参展。2012 年 9 月家具作品“禅思椅”与“宽椅”参加英国 100% 设计展

续表

序号（编号）	企业名称	企业概况	企业设计获奖情况	参展信息	主营产品	企业设计情况
8(H)	曲美	集设计、生产、销售于一体的规范化原创家具设计集团公司，始终以传播家具文化、发展中国家具为己任，在“差异化品牌”战略的带动下一直是市场竞争中的领先者。推出“自在空间”“如是·中国家”“古诺凡希”“古诺凡希·现代”“古诺凡希·视界”“曼哈顿生活”“艺树空间”“北欧阳光”等原创家具设计作品	2014年德国慕尼黑IF奖、中国广州国际家具博览会软体系列设计一等奖等奖项	广州家具展、上海家具展等	中高档民用家具及饰品，涵盖客厅、书房、卧室、餐厅灯家具类型	建立曲美国际设计联盟，与丹麦、法国、美国及亚太地区著名设计师合作，包括丹麦鹈鹕设计所、邦纳利克设计所、英国鸽子设计所、法国P&P设计所、美国米山设计所以及丹麦设计师汉斯等人
9(I)	全友	创建于1986年，已发展成集研、产、销一体的大型现代化家居企业，实现了从产品研发设计、采购、生产制造、物流、销售，到顾客售后服务的全价值链信息化集成管理，从而整合产业上、中、下游资源，为顾客提供卓越的产品和服务价值	绿色设计国际贡献奖等	成都家具展、广州家具展等	主营板式民用家具、实木家具、床垫、沙发、软床和定制家具等系列产品	由德国BRUNSAR-CHITEKTEN规划设计院与意大利COMANI规划设计院规划设计，以“现代、绿色、生态、国际化”为设计理念

附录 3

本书设计战略研究部分选取的国外家具企业概况：

序号（编号）	企业名称	企业概况	企业设计获奖情况	参展信息	主营产品	企业设计情况
1(a)	B&B	公司成立于1966年，是一家面向国际市场的意大利领军企业，公司主要专注于家庭家具及装饰，注重创意、革新和制作工艺完美结合	作品被纽约现代艺术馆和巴黎蓬皮杜中心永久收藏，4次获得意大利金圆规奖	米兰家具展、科隆家具展等	室内沙发、桌椅、床等	坚持设计师与企业亲密对话，尊重设计师创意完整性，数十名意大利和国际设计师，如著名设计大师 Antonio Citterio 等
2(b)	Calligaris	被称为意大利最具知名度的家具品牌，创立于1923年，总部坐落在意大利北部的乌甸县内之Manzano，在世界范围内其产量以及品质都是数一数二。产品的可靠性、灵活性、易接受性都使该公司充满了生命力	设计师作品获得Promosedia评委会颁发的"特别优评奖"。产品被一些著名电影电视剧收录等	上海世博会、米兰家具展等	桌、椅、床、沙发、家具配件和摆设等	上海世博会上，被意大利作为国家标签。坚持上等木材，运用意大利独特艺术美学，充分地展现出Ceccotti对产品创造的那份细腻的美学与丰富的情感
3(c)	Cassina	以Cassina兄弟在意大利米兰成立Cassina公司为标志，Cassina开始了现代家具的生产历程。以至今天的人们仍能在美丽的科莫湖畔的教堂中找到Cassina当年产品的身影	产品被纽约现代艺术博物馆（MOMA）等世界各地博物馆争相收藏	米兰家具展等	卧室、客厅、餐厅及部分户外家具等	与吉奥·庞蒂、柯布西耶、皮埃尔·金纳瑞特、夏洛特·佩瑞昂等一大批顶尖设计师合作
4(d)	Estel	拥有80多年的历史，主要致力于家用家具和典型而高效的办公家具开发。ESTEL的DNA是：使一件家具具有不同的用途，并使其成为当代家具开放创新而自然独特的解决方案	多项作品被MOMA博物馆收藏等	米兰家具展等	卧室、餐厅、客厅等家用家具及办公家具等	与Karim Rashid、Enzo Mari等数位国际著名设计师合作

续表

序号(编号)	企业名称	企业概况	企业设计获奖情况	参展信息	主营产品	企业设计情况
5(e)	Kartell	成立于1949年，Kartell的塑料民用家具、办公家具、工程配套家具、室内装饰品和灯饰充分体现了时尚与实用的完美结合，且独一无二，品种繁多，功能性强，价格适中。KARTELL75%的产品通过遍布全球60个国家和地区的全球分销机构出口到世界各地，因而每年有上百万件产品以60 000个左右航次发送货物，成为全球塑料家具行业中的佼佼者	5次夺得“金圆规”奖	米兰家具展等	客厅、餐厅、卧室等家具及饰品	在与许多具有原创设计能力且被公众广泛接受的顶级设计师合作（其中包括：Ron Arad、Antonio Citterio、Ferruccio Laviani、Piero Lissoni、Vico Magistretti、Enzo Mari、Paolo Rizzatto 和 Philippe Starck），成为在意大利历史上和国际设计领域中最具创意的公司之一
6(f)	Moroso	成立于1952年，被誉为家具的高端产品——采用美轮美奂的珍贵面料，使它一直是国际名人明星的家居宠儿，致力于创造出高质量的沙发和扶手椅的品牌	多件作品被诸如伦敦V&A博物馆、纽约MOMA博物馆、巴黎东京宫等世界知名博物馆永久珍藏	米兰家具展等	客厅、餐厅、卧室等家具及饰品	自从1952年MOROSO就开始与知名设计师，比如Ron Arad、Carlo Colombo、Enrico Franzolini、Marc Newson、Toshiyuki Kita 和 Patricia Urquiola 等合作
7(g)	Natuzzi	1959年创立，初期针对当地市场，生产沙发和手工扶手椅的小工厂。历经半个多世纪成为全球沙发业佼佼者，其沙发和椅子在全球123个国家、1000多个专卖店销售	其设计师多次获得金罗盘奖	米兰家具展等	居家客厅环境适用的扶手椅、沙发、家具与家饰等	公司创始人 Pasquale Junior Natuzzi 自身就是设计师，并与意大利著名设计师 Mauro Lipparini 等人合作

续表

序号（编号）	企业名称	企业概况	企业设计获奖情况	参展信息	主营产品	企业设计情况
8(h)	Pedrali	创立于 1963 年，是意大利家具的一个非常出名的设计生产商，Pedrali 公司的设计非常独特，像 joker 椅、帕夏椅等，都非常有名，Pedrali 公司设计的椅子，造型都非常经典，材料也是现代家具中算最前沿的，以其兼具功能与设计性的商品满足国际市场多样化的需求著称，被很多人称为"传统与创新的结合体"	获得包括金罗盘奖在内的多项国际著名设计奖项	米兰家具展等	居家、办公及公共家具等	Pedrali 公司一直坚信"创新、设计"能给公司带来无穷的价值，所以 Pedrali 公司开放新的设计概念，对新材质与技术的实验开发，持续投资于产品设计，Pedrali 与意大利建筑公司 Lo studio Archivolto di Architect Pocci e Dondoli 维持长期良好的合作关系，成功地推出如 Ice chair、Gliss chair 与 Smart chair 等经典作品，还与 Alberto Basaglia、Natalia Rota Nodari 等著名设计师合作
9(i)	Minotti	Minott 公司有着 60 年的历史，在全世界拥有极高的知名度，凭借精湛的工艺、完美的创意，受到诸如 Demi Moore、Jennifer Lopez、Brad Pitt 等国际明星的青睐。在任何国际室内杂志，几乎都有 Minotti 家具的踪影	家具行业时尚领导者，深受如 Brad Pitt、Demi Moore、Jennifer Lopez 等国际明星青睐	米兰家具展等	以专业生产顶级扶手椅、沙发和客厅家具为主	长期与意大利著名设计师 Rodolfc Dordoni 合作

附录 4

企业设计创新路径访谈提纲

1）本次访谈的目的

了解贵公司对设计创新的开展模式和运作流程。

2）访谈对象人群

设计部人员、企业主要负责人、企业中层领导、研发部门人员等。

3）访谈概要

① 企业目前的主要研发形式是如何进行的?

（是自主研发内源型还是委托外包型的? 还是二者兼有? 另外，如果以自主研发为主，企业具体的设计流程环节有哪些? 有无一些较为满意的设计案例? 对设计有什么心得? 如果以委托外包为主，企业选择外部设计研发机构的原则是什么? 整个设计研发环节如何?）

② 企业对设计创新的定位是什么?

（有无长久规划和部署，与市场、生产、成本等企业其他要素之间的关系是如何? 企业有无专门的设计部门，其设计部门所处的位置如何?）（在新产品研发决策过程中，设计师的地位和重要性如何?）

③ 企业对设计创新的投入如何?

（包括设计师来源与培养、设计师投入、设计周期、设计师的待遇在企业内的水平、设计工具配置状况等等。）

④ 企业负责人对设计的意识如何?

（负责人对设计的理解程度，如何控制研发方向，如何选择设计方案、如何引导设计的开展等。）

⑤ 企业产品设计创新的主要特点在什么地方？

（如集中在环保、性能、质量、材料、价格、形态、舒适、使用体验、功能、色彩等。）

⑥ 企业设计绩效如何考核？

（包括企业对设计师的考核、企业对新产品市场状况及生产推广的主要控制方法、设计与企业品牌之间的关系、对新产品利润的把控、对产品生命周期的规划等。）

附录 5

企业设计创新路径机理调研问卷：

您好，感谢您百忙之中参与本次问卷调研活动！本次调研的主要目的：

近些年，随着家具行业的发展，家具产品的市场竞争越来越激烈，设计也成为企业增加竞争力的重要工具。设计创新不仅可以增加产品的附加价值，使产品更适于人的审美、功能以及现代生活方式的需求，而且还有助于产品品牌形象的推广，对企业发展甚至转型升级具有重要的影响。但另一方面，目前设计创新在我国很多家具企业内仍不成熟，多数企业缺乏完善的设计创新促进和引导机制，对设计创新的应用仍处于摸索阶段。因此，为更清晰地澄清家具企业设计创新过程中各因素间的关系，进一步优化设计资源配置，引导我国家具企业设计创新更好地发展，特制定本次调研问卷。素仰贵公司在家具行业内具有较高的设计知名度，我们希望您能抽出宝贵时间，对我们的研究给予宝贵的意见，您的参与将对本课题的研究具有重大的帮助，非常感谢您的配合。本次问卷共分为四个部分：

第一部分：企业信息

（1）企业的名称：________________________________

（2）企业成立时间：

5 年内□____　　　　5～10 年□____

10～20 年□____　　　　20～30 年□____

30 年以上□____

（3）企业员工总数为：

20 人以下□____　　　　20～300 人□____

300～1 000 人□____　　　　1 000 人以上□____

（4）企业近两年的年均销售额：

100 万元以下□____　　100～300 万元□____
300～1 000 万元□____　　1 000～3 000 万元□____
3 000 万元～1 亿元□____　　1～3 亿元□____
3～10 亿元□____　　10～50 亿元□____
50～100 亿元□____　　100 亿元以上□____

（5）企业所在的主要地区：

珠三角□____　　长三角□____
中部地区□____　　西部地区□____
东北□____　　京津冀地区□____
其他□____

（6）企业内部是否设有设计部门：:

有□____　　无□____

（7）企业产品的主要销售范围：

国内□____　　国外□____
兼有□____

第二部分:企业设计创新的投入要素

与家具行业的平均水平相比,请您根据您企业的实际状况,在对应的分值上打分,其中 1 代表最少,9 代表最大,数值越大代表投入程度越大。

Q1. 您认为您所在企业的高层管理人员对设计活动的意识和重视程度如何?

1　2　3　4　5　6　7　8　9

Q2. 您所在企业的设计师或者从事设计与设计相关活动人员的设计教育程度如何?

1　2　3　4　5　6　7　8　9

Q3. 您企业的技术水平对设计活动的支撑水平如何?

1　2　3　4　5　6　7　8　9

Q4. 您企业进行设计研发时,平均每个项目投入设计师人数或者与设计相关的人数如何?

1　2　3　4　5　6　7　8　9

Q5. 您企业进行设计研发时，平均每个项目的设计经费投入如何？

1　2　3　4　5　6　7　8　9

Q6. 您企业在进行设计研发时，企业为设计过程中所提供的工具、设备等硬件支持水平如何？

1　2　3　4　5　6　7　8　9

第三部分：企业设计创新过程

Q7. 您认为您企业推出的近几款新产品在造型形态上的创新度和表现合理性如何？

1　2　3　4　5　6　7　8　9

Q8. 您认为您企业推出的近几款新产品在CMF（色彩、材料、表面工艺处理）上的创新度和表现合理性如何？

1　2　3　4　5　6　7　8　9

Q9. 您认为您企业推出的近几款新产品在功能上的创新度和表现合理性如何？

1　2　3　4　5　6　7　8　9

Q10. 您认为您企业推出的近几款新产品在使用方式上的创新度和表现合理性如何？

1　2　3　4　5　6　7　8　9

第四部分：企业设计绩效

Q11. 您企业的外观专利和实用新型专利的授予数量水平如何？

1　2　3　4　5　6　7　8　9

Q12. 您企业的新产品更新的速度相比较于同行业的平均速度为：

1　2　3　4　5　6　7　8　9

Q13. 您企业推出的近几款家具产品的收益相比较以往企业产品的收益提升程度如何？

1　2　3　4　5　6　7　8　9

Q14. 您企业推出的近几款家具产品对企业市场占有率的提升作用如何？

1　2　3　4　5　6　7　8　9

Q15. 您企业推出的近几款家具产品对您企业品牌形象推广的提升作用如何？

1 2 3 4 5 6 7 8 9

本问卷到此结束，再次感谢您的配合！

您的职位：__________ 您的部门：__________ Email：____________________

附录 6

设计创新驱动企业转型升级的访谈提纲

1）本次访谈的目的

了解贵公司在家具产品设计方面的能力水平以及企业转型升级的程度。

2）访谈对象人群

设计研发部门主要负责人、企业主要负责人、企业中层领导等。

3）访谈概要

（1）企业目前产品的主要特色是什么？

（目前企业主营产品是什么？这些产品的主要卖点是什么？企业产品在市场上的差异性体现在什么地方？等等。）

（2）企业产品的设计理念是如何形成并体现的？

（企业设计理念确定的依据和方法是什么？企业产品如何体现企业设计意图的？企业产品的主要风格如何？企业目前市场上销量最好的产品是什么产品？等等。）

（3）企业对未来产品的规划是什么样的？

（企业未来产品的形态变化、功能变化、体量变化、目标人群变化、使用方式变化、色彩变化、工艺特点追求等等。）

（4）企业负责人对企业发展的规划是什么样的？

（企业主要的业务是什么？企业最重视、最核心、最关键的业务活动是什么环节？对未来 5 年、10 年、20 年企业发展的愿景是什么？）

(5) 目前企业在市场上的核心竞争力是什么?

(如已有的客户群、产品的质量、成本优势、功能齐全、智能化、人性化设计、原材料来源、经销渠道等等。)

(6) 企业品牌推广的主要手段有哪些?

(企业是否有自己的品牌产品?企业品牌产品主要集中在哪些区域销售?企业品牌产品的目标人群是哪些人群?企业品牌产品在国内市场上的占有率水平如何?是否有国外销售店面?如果有,主要集中在哪些国家和城市?)

(7) 企业产品的价格处于什么档次?

(决定企业产品价格的主要因素是什么?在原材料方面,企业是否具有较强的议价能力?在产品推进给销售商时,企业是否具有较强的定价能力,或者企业对市场上销售的产品最终价格是否能够按照自己意愿具有较强的定价能力?在同类产品中,企业产品的价格处于什么层次?)

(8) 企业的技术研发能力如何?

(企业是否有专门的技术研发部门和研发团队?企业研发团队成员的构成情况如何?企业技术研发的主要形式是什么样的?是主要靠自主研发、委托研发、技术购买、技术买断、设备购买或者其他形式?企业的发明专利拥有数量有多少?企业所拥有的技术成果在国内同行业中处于什么等级?企业是否拥有国内其他企业无法掌握的垄断性技术?企业是否有一些在国际层面上比较先进的技术成果?)

(9) 企业成本对价格的影响程度如何?

(企业单位产品的成本构成有哪些?大致费用是多少?企业单位产品的利润水平如何?当原材料、土地、人力、能源等价格发生变化浮动时,对企业产品价格造成的影响如何?企业在制定产品价格时,主要的依据及影响因素是什么?)

附录 7

关于企业设计创新与转型升级关系的调研问卷：

您好，感谢您百忙之中参与本次问卷调研活动！本次调研的主要目的：

众所周知，对于家具行业而言，设计对于产品的销售、企业品牌形象的拓展发挥着至关重要的影响。在家具市场竞争日益激烈的背景下，传统的以人力、成本、资源等要素投入为主的规模经营方式受到的挑战越来越大。在国际市场上，至今我国仍有很多家具企业以代工生产的身份参与国际贸易，但由于近些年家具生产所需的原材料、人力、资源等成本不断提高，这种低价格优势已经变得越来越微弱，一些国外家具品牌已经开始寻求新的代工国家，如越南、巴西、印度等国。在国内市场上，由于家具产品对高精尖技术的依赖度较低，家具行业的入门要求不高，使得国内市场家具产品的竞争愈发激烈，因此寻求差异化特色成为企业发展的重要途径。另外，传统规模要素式的粗放型经营模式，也对环境造成了极大损害，并且随着环保意识的增加，人们也更加注重家具产品的环保等级，这些都对家具企业的发展带来了新的挑战。在内外环境的变化下，企业生存的压力越来越大，转型升级也成为我国家具制造企业的必然选择。

在转型升级的道路上，创新成为企业发展的重要手段。我国各级政府也纷纷出台了一系列文件积极引导企业增强自主创新能力，向着更具持续竞争力的新型发展方式转变。企业创新活动包含许多内容，其中设计创新就是重要的形式之一。基于当前我国家具企业转型升级的发展趋势，为了更好地梳理设计活动对企业发展的驱动机理，验证设计创新对我国家具企业转型升级发展的驱动作用及程度，特展开本次调研。

素闻贵公司在家具行业内具有较高品牌知名度，设计创新的能力较强，我们希望您能抽出宝贵时间，对我们的研究提出宝贵的意见，您的参与将对本课题的研究具有重大的帮助，非常感谢您的配合。本次问卷共分为三个部分：

第一部分:企业信息

(1) 企业的名称:____

(2) 企业成立时间:

5 年内□____　　5～10 年□____

10～20 年□____　　20～30 年□____

30 年以上□____

(3) 企业主营的家具产品类别:

卧室家具□____　　客厅家具□____

厨房家具□____　　餐厅家具□____

办公家具□____　　户外家具□____

其他家具□____

(4) 企业员工总数为:

20 人以下□____　　20～300 人□____

300～1 000 人□____

1 000 人以上□____

(5) 企业近两年的年均销售额:

100 万元以下□____　　100～300 万元□____

300～1 000 万元□____　　1 000～3 000 万元□____

3 000 万元～1 亿元□____　　1～3 亿元□____

3～10 亿元□____　　10～50 亿元□____

50～100 亿元□____　　100 亿元以上□____

(6) 企业经营主要地区:

珠三角□____　　长三角□____

中部地区□____　　西部地区□____

东北□____　　京津冀地区□____

其他□____

(7) 企业内部是否设有设计部门::

有□____　　无□____

（8）企业产品的主要销售范围：

国内□____　　　　国外□____

兼有□____

第二部分：企业设计创新的能力评价

Q1. 您认为您企业推出的近几款新产品在造型形态上的创新度和表现合理性如何？

1　　2　　3　　4　　5

Q2. 您认为您企业推出的近几款新产品在CMF（色彩、材料、表面工艺处理）上的创新度和表现合理性如何？

1　　2　　3　　4　　5

Q3. 您认为您企业推出的近几款新产品在功能上的创新度和表现合理性如何？

1　　2　　3　　4　　5

Q4. 您认为您企业推出的近几款新产品在使用方式上的创新度和表现合理性如何？

1　　2　　3　　4　　5

第三部分：企业转型升级现状水平的评价

Q5. 当前您企业的品牌塑造、宣传及其影响力位于以下哪一个阶段？

1	2	3	4	5
（代工生产）	（代工设计）	（自主品牌）	（国内著名品牌）	（国际知名品牌）

Q6. 当前您企业对制定最终销售产品价格的自主性程度如何？

1	2	3	4	5
（很弱）	（弱）	（一般）	（强）	（很强）

Q7. 当前您企业的技术创新能力如何？

1	2	3	4	5
（国内较低）	（国内一般）	（国内先进）	（填补国内空白）	（世界领先）

Q8. 当前在您企业的单位产品中，原材料、人力、土地、能源等禀赋要素成本的消耗费用在产品单价中所占的比重如何？

1	2	3	4	5
（较高）	（高）	（中等）	（低）	（较低）

本问卷到此结束，再次感谢您的配合！

您的职位：__________ 您的部门：__________ Email：__________________

附录 8

本书第 7 章所选部分样本企业基本信息：

序号（编号）	企业名称	企业概况	企业设计获奖情况	参展信息	主营产品	企业设计情况
10（J）	璞素	致力于当代中国文人家居艺术的营造，2011 年创建于上海，提倡原创设计精神，旨在从现代人居住语境中重新诠释文人生活美学，对话古今，继承传统经典风格，重塑现代家居的意境	EDIDA2012 国际设计大奖中国最佳座椅设计奖、2013 大雁奖、2016 金点传承奖等	上海家具展等	主营起居坐卧家具	创始人为陈燕飞，专注中国传统文化提炼、中式风格的再造，以简素之美融于现代生活，设计中注重传统工艺与方法
11（K）	半木	1999 年成立于上海，偏小众品牌，但在业界内具有一定知名度。追求工艺的恰到好处，在制作中寻求最合适的点，把握精确的度，以重新诠释中式生活方式为追求	美国 IIDA 国际室内设计协会 2011 年最优秀空间设计奖，其设计师 2013 年入选美国《Interior Design》中文版“设计名人堂”，获称 2015 年福布斯中国最具影响力设计师	荷兰设计周、米兰设计周等	以书房、客厅、卧室家具为主	由著名设计师吕永中创办，致力于东方生活方式的高端品质表达，注重材料、人体工学的表达，以及工艺与东方生活方式的结合，延承明式家具的风格
12（L）	木智工坊	创办于 2010 年。致力于探索不同材料的创新工艺、追求极致和细节、精湛的工艺以及富有表现力的形式，研发出的一系列新品，使其具备更加卓越的独特性及融合性。将追求高端品质生活的愿景融入每一件产品中，在传统与现代，时尚和舒适中，寻找完美平衡	其设计师获中国家居时代精英设计师称号、IF 家居风尚大奖等	上海家具展等	以木作中式家具为主，包括家居用的桌、椅、柜、床等	由知名设计师创办，设计团队由一群年轻设计师组成，富有创新精神，在设计中注重简洁与意向，强调中式意向的表达